# 王道文化在21世紀的實踐

劉兆玄、李誠　主編

中央大學出版中心　遠流

# 目錄

# 編者的話

　　自從三年前中華文化總會會長，也是前行政院院長劉兆玄在中央大學提倡以王道文化復興中華文化，使全球的華人能在21世紀把東方思想的精髓，特別是儒家思想的現代化，創造出一個新的普世價值，以代替西方世界在20世紀所提出以資本主義與民主政治為主的普世價值，將會對人類的文明有非常特殊的貢獻，如此21世紀便是全球華人的世紀。此後劉會長又應中國大陸、香港、新加坡、美國等地的華人社會做類似的演講，宣揚「王道文化」，也引起全球華人熱烈的響應。自2005年起辦理了七屆的「海峽兩岸暨港澳地區大學校長聯誼會」，也在2012年第八屆活動中，由二十六所兩岸與港澳頂尖大學的校長發起並簽署了一個備忘錄，要共同「推動中華文化傳承，弘揚與發展」。

　　在2012年11月，劉會長捐出其講座教授之款項與中大合作，共同辦理了「王道文化在21世紀的實踐」研討會。因為在2011年12月「王道文化與公義社會」研討會中，兩岸三地的學者從理論的觀點探討了王道文化與政治公義，王道文化與社會公義及王道文化與經濟公義，所以本次希望能從實務方面，探討王道文化在21世紀推行的實例，以便其他人士可以借鏡，然後從各不同領域，不同角度來推行王道文化，弘揚王道文化，建立21世紀新的普世價值。

本書是依據此會議中的論文，在會後經外審並由作者修改後的文章，匯集成冊以廣為流傳。本書分為四部分，第一章是由劉兆玄會長探討什麼是王道文化，他在文章中清楚地回答了一般人對王道文化在21世紀的疑慮，疑慮一是王道文化是中國數千年以前的古文化，在21世紀科技的時代，經濟全球化的時代，我們要復古嗎？他的回答是，這完全不是復古，王道文化「老有所終，壯有所用，幼有所長，鰥寡孤獨廢疾者，皆有所養」，這完全是今日社會所共同面臨並亟需處理的問題。第二個疑慮是提倡王道文化是否在鼓吹封建八股？劉會長舉例說明施振榮董事長所成立的「王道薪傳班」，孟加拉尤努斯所創的「鄉村銀行」，日本山口繪理子在孟加拉所辦的黃麻袋品牌等，說明王道文化完全不是八股，最後劉會長並指出，如何使用王道文化以和平的手段，擱置主權爭議，共同開發資源，造福人類的作法，來解決釣魚台的爭議。

　　第二篇是「企業管理與王道文化之實踐」，此篇一開始是許士軍教授的〈新管理典範下的企業倫理〉一文，許士軍教授從理論觀點指出，在21世紀倫理已由企業外在因素轉變成管理核心要素，21世紀倫理與互信已成為企業與消費者所極端重視的因素。這表示人類已從世紀末的貪婪、自私和虛偽中醒過來，人民的價值觀從「物質主義」轉向「心靈價值」，又從「消費主義」轉變為對於社會正義與社會公平的關切，這正是王道文化強調的地方。跟著下面三章都是企業家從他們經營的企業中以實際的例子說明他們是如何推動王道文化，實踐王道文化的精神。首先在

第三章中宏碁集團創辦人及智榮基金會施振榮董事長指出，他是在傳統的教育中長大，深受孔孟思想的影響，具王道價值觀，因此在他創業後看到西方資本主義的盲點，只重視股東權益的最大化，慣於霸道行事；而王道具有三大核心理念，亦即「永續經營」、「創造價值」、「利益平衡」。他也看到中國傳統文化中的缺點是「一盤散沙」、「師傅留一手」、「中央集權」與「家天下」，這些都是阻礙組織發展的瓶頸。於是他在宏碁集團中努力推動王道文化，才使宏碁從1976年的100萬新台幣發展到今日的660億美金的成績。

第四章是由台達電子的鄭崇華董事長述說在20世紀後期各國努力從事經濟發展，新科技帶來新產品，人民生活大幅度改善，但地球資源卻受到前所未有的大耗損，空氣、水資源及土地環境的大污染，對地球與人類的生存帶來極大的威脅，因此企業對社會有一種責任，亦即環保與節能減碳。台達電子很認真地去開發綠色環保與節能的產品，他們在太陽能使用，LED照明的開發，混合動力車的發電機、馬達、整車動力控制系統的研發，不但大大提升了台達電子的競爭力，也成為綠色企業的領頭羊。綠建築廠房的興建更是節能減碳，環保愛地球的精神發揚到極點，也因為綠色產品的發展，使他們的競爭力大幅提升，因而有能力捐助大學，在成大成立「李國鼎科技講座」，中央大學建立「國鼎光電大樓」，清大成立「孫運璿科技講座」，使學術界亦能從事環保與節能減碳及拯救地球的研究。這些都是王道文化的推展與發揚，「推己及人」最好的例子。

在第五章〈企業倫理與王道文化的實踐〉一文中，一向推動企業倫理不遺餘力的信義房屋周俊吉董事長指出經營信義房屋的理念，他是受儒家的影響，不追求「利」，因為他認為利是「短利」，惟有仁義是「長利」。信義房屋要放眼於長利，眾人之利，並相信長利不與短利相悖，也可望帶來短利，於是有今日企業的成就。在信義房屋創業的初始，房仲業欺上瞞下，巧言令色的交易手法是市場主流，信義房屋堅持倫理的觀念，亦即人與人之間正直信任的關係，在企業倫理上便演變成顧客群、股東群、同仁群、供應商、社會大眾以及企業與自然環境關係間正直、互信、互助的關係。有了此種理念，信義房屋才能對各種利害關係人做該做的事，說該說的話，此種理念的堅持不但使信義房屋成為房仲產業的清流，也影響到其他同業走向清流之路。當房仲業同業學習信義房屋，把「道」看得遠比「術」為重要時，信義房屋又可以從創新去開創更多新的經營模式，繼續提升信義房屋的競爭力。周董事長深信王道文化，企業倫理才是使企業真正成功永續經營之道，因此他捐6億給政大辦理信義書院，成立信義企業倫理講座，企業倫理研究發展中心，MBA學程倫理教育，希望能引起各界對倫理教育的重視與關注。

第三篇是「社會企業與王道文化之實踐」。社會企業是指一種創新型的商業模型，它是以企業經營的手段來整合勞動市場，協助弱勢團體，達成經濟與社會雙雙發展的目標，是一種平衡資本主義與社會福利主義的中間路線的企業。在第六章中，王秉鈞教授在其〈社會企業與王道文化的實踐：微型社會企業的發展〉

一文中追蹤共產主義的來源與失敗，資本主義之勝利，但又發生2008年因企業倫理的敗壞，引起全球金融海嘯的問題，因而漸漸發展出此種既非社會主義，亦非資本主義的一種中間路線，亦即能合理經營取得利潤，又能兼顧社會問題的新型社會企業。王教授指出在蘇俄、東歐乃至中國大陸實施共產或社會主義失敗，最近資本主義也出了問題，中國傳統的中庸之道應可成為王道，不但在台灣可推行，在其他國家亦可推行，因此應成為21世紀的王道。

黃秉德教授在第七章〈王道文化與工作整合型社會企業的發展〉一文中指出，追求公義社會的王道文化應該成為世界文化的主流，而工作整合型的社會企業能協助實現此公義的社會。所謂工作整合型的社會企業是指政府與企業之外第三部門，其目的在使用企業經營的方法把弱勢族群融入勞動市場，提供他們工作機會，達成社會公益的目的。在文中他列舉里仁公司，彭婉如基金會，財團法人脊髓損傷基金會（潛能發展中心），喜憨兒基金會等機構皆是工作整合型社會企業最佳例子。黃教授也指出此種企業的發展最能發揮我國固有互助、互利的王道文化與王道精神。

官有垣、王仕圖、陳錦棠教授在第八章〈社會企業與王道文化的實踐：台灣與香港的比較〉一文中指出，港台二地都有很多社會企業，二地雖然都是華人社會，但是因為社會文化、政治組織的不同，二地社會企業發展有異。基本上，香港的社會企業集中在協助社會解決失業問題，如創造就業機會，從事職業訓練，提升弱勢團體的社會適應力。台灣的社會企業也是以紓解弱勢團

體的失業問題為大宗，但台灣社會企業目前屬成長的階段，組織形式與活動相當多樣化。他們在論文中也指出，雖然港台二地都是華人，社會企業也相當多，但二地政治與社會制度不同，二地的社會企業的特色會很不一樣，目前此方面的資料不多，今後應加強此領域的研究。

本書的第四篇是「社會關懷與王道文化之實踐」，這些多半是非營利企業，他們經營的目標在關懷社會的問題，他們的財源通常是來自私人捐款或其他機構的資助。醫院是一種非營利的機構，他們的經營應該是以關懷病人的健康為主，但台灣有很多醫院與醫生已經走樣，他們採用商業模式，以賺錢為目標，在過去醫生為病人開刀還有收紅包的現象，現在雖然已減少了很多，但是以數分鐘的速度為病人診斷，以賺取大筆的診療費用的現象仍然是非常普遍，而和信醫院則與一般醫院不同，黃達夫院長堅持他們的醫生必須與病人對話，給予病人充分的時間溝通，使病人對自己的病情有充分的了解，而醫生對病人的病情也因此有正確與充分的掌握。在本書第九章中，和信醫院黃達夫院長指出，非營利事業如宗教、教育、醫療、社福等事業，他們的底線不是利潤，而是改變生命。他認為非營利機構的主要財源是來自社會善心人士之捐助，因此非營利事業經營者必須精打細算，善用捐款人的每一分錢，去發揮最大的效益，改變最多的生命。他認為醫療機構內一個永恆不變的原則是「一切以病人的福祉為依歸」，因此他在本文中舉例說明和信醫院是如何以集思廣益的合作原則，利己利人的學習態度，設身處地的人際關係，創新求變的處

世觀念來發揮關懷病人，保障病人福祉的作法。換言之，和信醫院創辦已二十三年，在此期間他們走的是光明正大，真正關懷病人與社會的王道。

第十章家扶的王明仁與藍元杉先生在〈家扶的社會關懷與王道文化之實踐〉一文中說明，家扶基金會是如何以關懷社會之心在1950年代照顧戰後顛沛的失依兒童，維繫兒童最基本的生存權利；在1960年代照顧貧窮弱勢家庭的兒童；1980年代台灣社會開始富裕，家扶轉而從事兒童保護工作，防止兒童被虐待或嚴重被疏忽或放棄的情況；到2000年代，更轉入兒童全面的關注，實踐平等對待的價值。在第十一章中，台灣大學的陸洛與許伊均教授指出，西方國家挾其資本主義，自由主義與科學理性橫行世界，自恃其文化，歷史知識體系與社會制度以先進與主導全球的姿態出現，漠視其他文化，造成不平等的西方與非西方的對立。王道文化之所以具現代重要價值，因為它兼備了道德價值與社會效用，同時也充分體現出「多元一體，和而不同，休戚與共」的自然秩序，揭示了既關懷群體福祉，也尊重個人幸福，追求局部利益，但不能危害全體福祉的特性，此種重實踐精神，並與生命安順為核心關懷的王道文化，足以成就危難時代的諾亞方舟。

本書的完成首先要感謝十一篇論文的作者在短短期間內完成這些論文，助理黃凱璐，祕書張淑嘉小姐在籌辦活動、催稿等工作的大力幫忙，以及中大校長祕書室同仁和中華文化總會的盧芝安祕書的協助與幫忙，沒有他們的支持與努力，研討會不可能成功，本書也不可能順利出版，希望本書的出版可使一般民眾與政

府官員，專家與學者對王道文化在21世紀的實踐與了解有所幫助。

**李誠**

2013年3月 于中壢

【第一篇　總論】

# 第一章　王道文化在21世紀的實踐

劉兆玄

中華文化總會會長

　　中華文化需要一個文藝復興，要將它現代化，必須從傳統文化中的精髓，與21世紀的主流思潮結合，創造新的普世價值。20世紀西方世界提出許多普世價值，但在百餘年實踐後，到了20世紀末出現很多問題。在新世紀中，如何把東方思想的精髓，尤其是儒家文化思想注入，創造新的普世價值，這個切入點即是「王道文化」。

　　談「王道文化」，首先要問，它是否復古？

　　以「養」為例，我們來看大家耳熟能詳的〈禮運大同篇〉：「老有所終，壯有所用，幼有所長，鰥寡孤獨廢疾者，皆有所養。」大同之前，必先達小康；小康境界中，七十歲長者皆可吃肉，至大同世界，「老」者的養不再是問題，需要的是如何善「終」。「壯」者需要覺得能用得上力，「幼」童需要身心成長，只有「鰥寡孤獨者」才需要被養，也就是現今社會中的獨居老人與身心障礙者，跟現在內政部的定義完全符合。兩千多年前孔子之卓越智慧可見一斑。尤其是談到「終」這議題，今天來看，社會已進入高齡化型態，「終」尤其重要。我的母親年過百歲，身體尚稱健康，兒孫環侍，人人皆稱道福氣，但我漸漸發現，她每天常在心中思想的卻是自己如何劃下終點。這樣的事

情，每個人在自己家庭中或多或少也有類似的體會。現實世界中，「養」不再是單純的扶養，反而呈現出多元化，例如：父母要孝養、子女要教養、身體要保養、生病要調養、講話要涵養、感情要培養、做人要修養……等。

另以「孝」為例，今日談「孝」是否八股？《論語》中舉兩處例證：其一是「子游問孝。子曰：『今之孝者，是謂能養。至於犬馬，皆能有養，不敬，何以別乎？』」其二是「子夏問孝。子曰：『色難。』」我認得一對兄弟，哥哥平日處理母親衣食起居所有問題，而弟弟唯一負責的，就是在媽媽面前耍寶討歡心，起初導致哥哥的不平；但哥哥後來卻承認，弟弟所做的比自己更難，也就是孔子說的「色難」。在現代「孝」還有一個特別的實踐領域，是在服務業。就服務業而言，顧客是「衣食父母」，需「敬」顧客、「孝順」顧客。服務要從「真心」，進入「善意」，最難的是達到「美感」，也就是真善美；透過訓練、紀律及品管要求，可能從「真心」的理性境界做到「善意」的感性境界，但「藝術」的美感之境卻仍是難以達成。我被邀至王品集團發表「成功之後的挑戰」演講時，特別提到王品這樣好的服務業提升至「真心」，可說大致成功；至「善意」，已近成功；但是成功之後，挑戰接踵而來，也就是如何達到「藝術」境界。所謂藝術境界，無以名之，只能稱之為「化境」。這當中的差距需要有精神面的注入，文化的注入，才能提升。

第二個問題，「王道文化」是否鼓吹封建八股？

「民為貴，社稷次之，君為輕」這是兩千多年前提出的了

不起的先進思想。單單提出「民為貴」，稱得上高見，再加上
「社稷次之，君為輕」，當中即出現辯證的邏輯。君王賢明，便
效忠君王；君王不可事，便昇華至效忠國家；若居於亂邦，國不
可忠，便忠於民；若民粹橫流，民不可忠，便忠於志、忠於事。
這是辯證的過程。兩千多年前孟子便以辯證方式提出民主思想，
是極為先進成熟的思想。

　　政治方面，〈禮運大同篇〉亦提出「大道之行也，天下為
公，選賢與能，講信修睦。」如何揀選賢能人士，君主時代主要
有兩種方式：推薦與考試。古代推舉孝廉，作為儲備人才，推薦
制度完備盛行後，門閥學閥占據朝廷，至東晉時代，天下官員多
出王謝之家，為打倒門閥割據，隋煬帝時興起考試，形成後來的
科舉制度。今日若去南京參觀，還可見到秦淮河兩岸，一邊是江
南貢院，一邊是當年王謝子弟的烏衣巷，呈現出極為諷刺的情
景。兩種制度輪替而行，至今依然如此，聯考制度行之有年後，
呈現僵化現象，便加入推薦甄試。考試重於推薦之時，制度流為
僵化，推薦重於考試之時，就發生套關係走後門的弊病。兩千年
來，週而復始。

　　進入民主時代後，人民以「投票」選賢。投票制度容易流於
民粹，社會便希望透過媒體來行多元傳導之責。專制時代媒體獨
占，開放後媒體易被利益團體寡占，真正進入媒體多元時代後，
針對同一事件，不同的媒體可能報導出相反的解釋、甚至相反的
信息，反使人民無所適從，只能依自己立場及意識型態來決定判
斷。王道的思維，就是要有多元的制度。政治上，較理想地，應

以多元的方式，選不同層次的人、不同性質的事，用不同的設計來執行「民主」的抉擇。例如選舉鄉鎮長、縣長、省長、總統，就不一定要以同樣的選舉方式來進行。這件事情非常值得20世紀慣用歐美民主選舉制度的東、西方國家來深思，一百年的實驗，優劣點都已瞭然，21世紀是不是該有不同的思維及實踐？

談到「王道的實踐」，我們應該以新的看法跟新的思維，作重新的詮釋，俾利於在社會上推動。企業管理方面，施振榮董事長是專家，他所成立的「王道薪傳班」，目前在兩岸企業界推動得如火如荼。這裡摘錄的是施董事長分享的經驗：王道是領袖之道，也是CEO之道。為王之道，首重利益相關者之需求、及其共同利益之創造及平衡，也就是將餅作大，以達企業家、投資者、員工、消費者多贏局面。

王道的另一種實踐是「微型融資／社會企業」，目前亦正在台灣興起，我心目中的模式是由「公益銀行」、「社會企業」與「志工營運」三者關係的串連，形成新的結合體，希望未來達一定程度後，可以發展成社會文化上的台灣之光。孟加拉尤努斯(Muhammad Yunus) 所創立的「鄉村銀行」，這種新融資方式包含小額貸款、無擔保、無抵押、五人一組聯保、會員制，所有貸款人皆會員，以及整借零還……等。三十多年來，已累積600多萬會員，最令人欽佩的，其中98%為女性，償債率達96%，積極改善了婦女原本低落的社會地位，有約2萬乞丐得到貸款。尤努斯非常驕傲地宣稱：「貸款是基本人權。」

所謂「社會企業[1]」，即微型創業，定義上泛指不靠捐贈，靠市場機制生存，並以公益或解決特定社會問題為目的之企業組織，藉由提供產品、服務、作業程序（軟體）、工作等，以解決社會問題，提升社會正義。項目包含教育、環保、脫貧、公衛……等。案例一是日本三十一歲的山口繪理子（Eriko Yamaguichi）在孟加拉創辦的黃麻袋品牌Motherhouse，行銷訴求：「如果用買一般名牌包的價錢，改用於購買幫助窮人的時尚包，你願意嗎？」案例二為2006年成立的SHOKAY公司，兩個哈佛大學畢業的亞洲女孩，向青海牧民直接收購犛牛纖維，並雇用上海近郊的農村婦女進行編織，賣出「具有異域風情又具有社會責任的奢侈風尚」服裝飾品。這些弱勢產業皆需透過具公平正義性之「認證」凸顯其產品特色，透過產品特色進行市場競爭，1977年國際公平貿易標籤組織（Fairtrade Labelling Organizations International, FLO International）順應成立，並發行有助於微型創業發展的認證標章。

全球化是新世紀的重要議題，在全球化後面，王道文化可以作什麼？

全球化過程中，誰掌握科技優勢是首先要面對的。這個優勢過去是在製造產品，現在進入到服務，從製程、產品、軟體至服務的流程，是一系列的。有了科技優勢後，再來是消除貿易障礙，使這個優勢可長驅直入，攻城掠地，完全打掉國與國之間的

---

1 根據OECD國家2003年「社會企業報告書」中對社會企業的定義，是「以具有企業精神的策略，達成特定社會目標，並且有助於社會排除失業問題的組織，並非以追求最大利潤為主要目標」。

貿易保護。這類強勢文化還有一個特點，是「自我道德化」，造成結果是「己所欲必施於人」，我覺得好的你也必須接受，原本是強弱的問題，轉變為我對你錯的道德訴求及文化衝突。新世紀從農村社會進入工商社會，從原本以農村為基礎的五倫關係，加上了李國鼎先生等先進所提出的「第六倫」，也就是人與陌生人之間的倫理關係，這是過去東方農村社會所欠缺的；相反地，目前西方世界卻只重第六倫，沒有太多五倫的基底，關係靠法律來維持。這是兩個極端。而國際關係中，從原本各國主權進入地球村的過程，國與國之間的關係是什麼？地球村裡是否也同樣需要「第六倫」？值得深思。

美國自1890年頒布「反托拉斯法」，原是避免不正義之商業合併、獨占、搭售……等，意圖保護消費者權益，合理限制個人（財團）資本的不正當膨脹，有正義的意義在裡面。然而21世紀的數位企業以不正常的速度快速膨脹，以蘋果公司為例，在2012年9月市值約6,260億美金，至11月，短短八週內，股票下跌四分之一（同期美股平均下跌7%），蒸發掉1,700億，相當於一個百年企業可口可樂，這樣不合情理的故事，卻在華爾街實際上演。

工業革命時，機器開始取代人力，可以更快更精準地從事更粗重的工作；到第二次工業革命，電腦的發明可取代部分腦力，可以更快更精準地進行更繁重的運作；電腦個人化之後，個人電腦成為家電，整合串聯後，不是迴轉為超大電腦，卻變成了網路（Internet），網路進入家庭及日常生活的每一環節，成為資訊怪獸。以微軟為例，美國司法部門控告微軟獨占以Windows平台

搭售Internet Explorer，這個近年來赫赫有名的審判案中，法官於裁決過程遭遇極大困擾，問題一是系統（平台）的相容性本身會有排他性；另一個問題則是產品無實體性，系統可以將應用軟體套裝，套裝後的產品是一個還是兩個產品？這很像口服避孕藥發明最初曾有兩種產品，兩產品是同分異構物，分子式相同，構造式也幾完全一樣，但並不完全相同，可是在口服後胃酸可使兩者變成相同的分子，好像是但又不是同一產品，產品最終的智慧財產權無法透過司法判別，最後只能庭外和解。

Windows系統同時是溝通及連結資訊的入口，其獨占性是「半固有」的，內植軟體是否搭售，從「功能關係」及「顧客需求」的兩種論點上，見解是見仁見智；1890年創立的反托拉斯法很難馴服這個2000年的資訊怪獸，所以我們需要一個創意的「反酷斯拉法」。法律上我們需要道德、倫理上的不同思維，來處理網路時代資本的不正常、不正義地快速累積。我們看到現代某些企業，如微軟公司，一夕之間，就超過了通用公司這種百年累積的工業帝國。創意應該得到報酬，但應該合理，符合社會正義。我們可以透過法律制度面的創新設計，例如「強制性公益觀念設計」，使其更符合比例原則。假設我們定義：不符合比例原則的利益就是「不義之財」，企業可以將之化為「公益信用點數（credit）」，或徵收為「公益基金」，而不是限制他們在創意、智慧上的發展。此舉應該遠比抽稅更直接更有效，因為繳稅的對象是政府，人民卻不易信任公權力，抽稅常需設上限，公益基金則只需設下限。所以「反酷斯拉法」就是王道的反托拉斯

法。

　當王道實踐升格至政治及國際政治層次，是最難實踐的面向，但如因緣際會，仍有可能可以達成。

　以釣魚台列嶼爭端為例，歷史起源於1895年的《馬關條約》，遼東半島及台灣被割讓給日本。二戰1941年中華民國正式對日宣戰，公告廢止中日間一切約定。1943年「開羅宣言」公告日本應歸還中華民國其所占領之中國領土，如東北、台灣澎湖。1945年，波茨坦公告：「開羅宣言」的條件必須實施。1952年，日本「降伏文書」明文接受「波茨坦公告」，該降書編入「聯合國條約集」。中日簽訂和約，內容包括終止戰爭，日放棄對台、澎、西沙、南沙之主權，1941年以前中日兩國之一切條約──含《馬關條約》均失效。1971年美日在沖繩簽返還協定。1972年，在台灣、大陸雙雙反對聲中，美國將釣魚台行政管理權移交日本。1978年鄧小平指示下，中國大陸與日本簽訂《中日和平友好條約》，但雙方約定不涉及釣魚台問題。

　釣魚台主權為何引起各國爭奪？除了本身重要的戰略位置之外，它的天然資源更是豐沛優良。根據日本國土廳資料顯示：釣魚台蘊含錳6.5億噸（可供日本350年）、戰略物資鈷8,700萬噸（可供日本1,300年）；戰略物資鎳1,730萬噸（可供日本100年）；石油／天然氣2,130千兆BTU（可供日本100年），以及其他豐富的漁獲、海底資源等等不勝枚舉。

　《中日和約》生效六十週年，釣魚台爭議依舊紛亂不休，馬英九總統於2012年8月5日提出「東海和平倡議」，強調「主權不

可讓，資源可分享」的觀念，主張幾項原則：自我克制不升高對立、擱置爭議不放棄對話、遵國際法和平處理爭端，以及建立機制合作開發資源。第一階段工作，本於互信精神，確認共同利益，透過雙邊或多邊協商機制，建立對話管道；第二階段則本於共享精神，建立共同開發機制，推動實質合作計畫。

　　馬英九的呼籲立意雖美，發言初期卻不受媒體重視，主要原因在於一般媒體認為，國際關係爾虞我詐，我強則彼弱，立場強勢即可取得優勢。等到國際衝突一觸即發，圖窮匕現，各國真正需要的，是同樣的東西——和平，此時國際媒體即逐漸開始重視馬總統言論，美國媒體CNN就曾提到兩次。2012年底，大陸十八大後、日本大選後，國際進入適合對話討論的時機，建議我國政府應依此原則展開行動，從民間開始推動論壇，再提升至三方政府相關的智庫，然後三方分別作出共同的聲明。國際爭端用王道來尋找解決方案，雖然艱難，但並非沒有成功可能，不應放棄良機。

# 【第二篇　企業管理與王道文化之實踐】

# 第二章　新管理典範下的企業倫理

許士軍

元智大學管理講座教授暨校聘教授

## 前言

　　傳統上，人們對於所謂「企業倫理」，一般有幾種意義：第一，泛指企業對於外界社會的救助責任，以一種「取之於社會，用之於社會」的感恩的心，為促進美好社會盡一份心力。其次，乃就企業與其關係人群之間，除了考慮經濟或交易關係以外，應以公平合理態度相待，並藉以處理經濟學中所稱的市場外部性問題。

　　就以上所採的「企業倫理」的意義言，乃著重於倫理關係之實質內容，要求企業壓抑自利動機而追求對於社會公益或其他相關人群福祉之貢獻。近年來，傾向於強調此一因素在決策上之地位與處理；此即在一決策情景中，將倫理因素包括在內，設如此一因素與其他因素發生矛盾或衝突時，決策者應如何予以權衡取捨之問題。這種立場，表現於企業倫理教育上，特別明顯。其背後原因，一方面，使學習者意識到決策問題所涉及之倫理構面，並將其納入分析架構之內；另一方面，也可避免將企業倫理變為

宗教或說教科目，任教者也不必有將本身之道德立場強加於同學身上之嫌。

但是，無論對企業倫理採何種定義或立場，似乎都存在有一基本前提：此即傳統上，乃視企業為一種單純的經濟性機構，企業倫理之於企業之經營與管理，乃屬於一種外在問題而非其核心要素。倫理乃為企業應盡之一種責任、負擔，甚至是一種贖罪行為——對於營利原罪之補償。因此，在企業獲利之後如有餘力才能顧到之事。這再加上早期管理理論過分偏重所謂「經濟理性」，藉著「科學化」之名義而助長這種趨勢。

然而，近年來，整個世界面臨一種新的潮流和趨勢。隨著資訊技術的發展和普遍化，產業結構的急劇改變，以及國際企業全球化潮流等等，人類由「工業社會」進入以知識資源為主的「後工業社會」。這時，企業所面臨的，一方面是無盡的潛在機會等待去發掘；另一方面，又面臨空前強大的競爭壓力，使得生死存亡有如旦夕間的事。在這短短幾年間，企業經營和管理的遊戲規則發生鉅大的改變，過去種種被奉為圭臬的典範不再適用，取而代之的，乃是一些新的管理典範。

這種改變已明顯反應於近日紛紛出現的許多新的管理方法或辭彙上，諸如企業文化、內部創業、扁平組織、企業再生工程、無邊界組織、學習性組織、網絡組織等等。這些新觀念和新作法，不但取代了往昔的管理觀念，如掌握限度、職能分工、層級組織之類，也使得發展於60年代的一些管理理論和方法，如Y理論、目標管理、責任中心、長期規劃等為之黯然失色。

## 倫理由企業外在因素變爲管理核心要素

值得重視的，乃是在這些新的管理典範背後，倫理因素幾乎都自邊緣或外在地位變爲核心要素；直接言之，在新的管理典範下，種種新觀念或新方法是否能夠發揮其作用，乃取決於當時相關人群間能否滿足所需的倫理條件爲前提。

主要原因，簡單言之，乃在於新的管理典範，一方面，特別強調人性中之創造力與長期之合作關係；而另一方面，它又必須揚棄傳統的那種機械式和防弊爲主的控制機制。在這情況下，倫理關係被發現是一條有效的出路。因此，使我們改變以往的態度，而應在新的管理典範下，對於倫理關係予以較深入之探討。

究竟，我們所面臨的，有怎樣的新管理典範，它們和倫理間有什麼關係，這是下文中所要討論的問題。

## 新管理典範之發展

### ‧企業生存的正當性基礎

在市場經濟制度下，企業生存的正當性，主要建立在兩項基礎上，第一爲私有財產權，其次爲市場機能。前者代表市場或資本主義經濟制度之基石，而後者則有早期亞當斯密所稱「看不見的手」和日後佛理曼的「選擇自由」（freedom to choose）提供理論之支持。一般均耳熟能詳，在此不擬贅述。

然而上述兩項基礎目前均遭挑戰。首先，私有財產權已被認為並非一絕對的自然權利；企業之存在，也並非只是為了資本主的利益，尚應顧到其他利害關係人群和環境生態的需要，否則其存在之正當性即遭懷疑，甚至可被剝奪其生存權。

　　其次，企業追求自利之過程或其結果，並不能完全經由「看不見的手」達成上述關係人群福祉與環保之要求。因此，當企業面臨本身利益與社會利益衝突時，如何調處，除了依法律途徑以為解決外，有賴決策者依其倫理原則以為判斷，此即一般所認為的企業「社會責任」。這種倫理判斷能否獲得社會接受，輕則影響一企業之社會形象，重則關係其生存之正當性，直接觸及企業經營之基礎。

## ・統理權和代理權所衍生的倫理問題

　　隨著企業所有權和經營權的分離，顯然地，對於股票上市的大型企業而言，投資者人數眾多，亦未必有經營能力，因而在制度上乃出現由專業經理人出掌企業經營大權，這一改變被稱為「管理革命」，倫理問題在於，如果專業經理人以「代理人」角色治理，是否能忠實維護或追求「業主」或企業的利益？這即一般所稱的「統理權」（governance）或「代理權」（agency）問題。

　　依一般想法，股東選擇董事組成董事會，由董事會任命企業高層經理人，後者自應秉承董事會之指示，在董事會之監督下，

努力追求股東的利益。同時，由於此種專業經理人基於有較強烈之專業倫理的觀念，能在追求利潤動機之同時，顧到企業相關人群的福祉及對社會之責任。但是，在事實上，其間關係並非如這種想法之美滿，而是隱藏了倫理上某種重大的衝突問題。

首先，人們發現，股東對於董事的選擇權力，並非如想像中之大，而被選出之董事會，甚多時候乃是一個橡皮圖章，真正的統理大權，乃是操之於高層經理人之手。後者由於直接掌握企業資源，了解企業狀況和所有權結構，可以操縱股東大會的選舉以及董事會的運作，使得後兩者之統理權徒具虛名。

在這種情況下，專業經理人往往所追求的，並非投資大眾或是社會關係人群的利益，而是本身利益，例如為求短期業績表現而犧牲企業之長期利益，為求規模擴大而不顧真正是否獲利等等。這時，固然股東可行使公司法上所賦予的權力以監督這些專業經理人，但是在現實上，能否做到這一點，主要取決於後者之倫理觀念和行為。

再加上近日在先進國家所發生的現象：企業所有權大部落入機構投資者手中──主要是退休基金所擁有。這些基金又由另一層次的專業經理人所掌理，他們不僅代表了所有權者，又可直接控制企業的經營權，使他們不同於一般投資大眾。這一發展，依杜拉克在其近著《後資本主義社會》中所稱「由於退休基金的出現，使得大企業傳統的統理與控制方式，全部變為落伍，這使我們不得不重新思考企業的權力本質。」譬如說，這些基金經理人所重視的只是投資之財務報酬，只要一等到有利可圖時就將股票

出售，他們與企業的關係是隔閡和短暫的，難以企望他們對於企業的永續經營懷有長期的關懷和責任感，這種利害上的潛在衝突，又構成現代企業經營上的另一層倫理危機。

在代理理論下之企業經理人與所代理之投資人間所產生的問題之一，並不在於前者圖利自肥，損害後者之權益，而在於經理人為擔負社會責任所採決策及行為，影響後者之可能財務利益，在這情況下，經理人由於擔負社會責任之支出或收益減少，對於投資者而言，乃是「慷他人之慨」，雖然出於善意，卻不合代理人之忠實代理責任之倫理。

為了使經理人脫離此種倫理上之困境，近年來，遂有所謂「社會企業」（social enterprise）之出現，此即此種企業並非屬於「非營利組織」（non-for-profit organization），不像後者之經營來源，仰賴社會捐款或政府補助，而可以經由提供市場所需之產品或服務，賺取收入，不但這種企業在其成立宗旨明白揭櫫為只從事或投資對於社會有貢獻之業務，而非獲利最高之業務，事先讓投資者認識此一點，以供其是否投資之決策之依據，而非由經理人擅作主張，將社會公益做為經營準則與方針。

## ・由「科學管理」走向「創新管理」

導源於20世紀之初那套所謂「科學管理」的思想，或稱為泰勒式管理，乃建立在求大量生產下之效率所發展之工作邏輯，大致包括以下幾個重點：第一、工作有一定之最佳方法，發現後要

求工作者一體遵行不可擅自更動；第二、重視規模經濟，大量生產相同規格之產品以降低成本；第三、決策和執行可以分開由不同人員擔任；第四、認為意外狀況無法避免，應事先預估可能發生之損失予以提列。

這種工作邏輯的背後精神，乃將工作中之創造力及判斷力與工作之執行分開，儘可能使實際負擔工作執行者變為既定程序或機械工作的一部分，以獲得工作單純化和熟練化的優點。然而，這種想法在今天已發現是不合時宜的了。相反地，今天的企業不能盲目地大量生產某些產品或服務，而必須配合瞬息萬變的市場需要，甚至個別顧客的特殊需要。在所謂「少量多樣」或「個性化需求」的潮流下，已不允許負責實際工作者能不顧市場或顧客的需要，一昧追求大規模生產的效率，而必須了解和衡量顧客需要，以最迅速方式和方法予以滿足。

在這種趨勢下，企業必須允許甚至鼓勵工作者發揮其才智和創造力，使他們對於工作產生成就感和承諾，企業才有創新可能，例如日本本田企業的創辦人就曾說過：「員工不必為團體而犧牲個人興趣或志向。人們參與組織是為了享受自我，這種感覺才能帶來創新。」這一段話很能表現一種新的工作邏輯，將一種由於傳統的工作邏輯所喪失的工作尊嚴又還給了工作者，就這點而言，有如恢復從前的藝匠精神。

換言之，今後的主要競爭力來源不再是機械和設備，而是員工的創意和才能；今後的組織，將是由許多負有成敗責任的團隊所組成，每一團隊有其清晰的任務、完整的自主地位和資源條

件，這些並非來自上級的分派和嚴密監督，而是由團隊成員自己選擇，對本身的績效負起責任。在這種組織中發展一種具有合作關係的網絡單位，取代傳統建立在細密分工和嚴密監督的層級組織結構，因此轉變為談判和磋商的關係。員工將會主動去發掘機會和學習新的技能，這種激勵力量不是來自過去的升級、加薪或獎金，而是來自完成使命的興奮和成就感。但是令人擔心的是，在這種開放和自主的組織中，工作者會不會有如脫韁之馬各行其是，代表一種新的挑戰。

## ・超越組織疆界的網絡體系

再上一層講到企業與企業之間的關係。傳統上，每一企業有其明確的組織疆界，彼此依照市場交易法則進行交易，如果由於「交易成本」過高，即可能導致相關企業採取購併行為。

然而近年來企業經營在事實上的發展，為解決企業間之密切交易關係，因而採取購併行為，亦有種種風險和困難，因此發展出在前此所稱，透過市場交易與購併以外之第三條途徑，此即透過策略合作或聯盟，建立所謂的「網絡關係」。這種關係提高了企業機動靈活的彈性以及績效衡量的客觀性；例如許多企業不但將零組件之設計或產製、維護或服務等活動交由協力廠或承包商擔任，即使資訊中心或人力資源管理也可交由他人負責；還有在產品開發、採購、流通等方面，也採取合作方式進行。隨著企業國際化發展，原來建立在「內部化理論」所發展的多國企業，也

逐漸為國際性網絡系統所取代。

　　問題在於，這網絡型態的合作方式是否一定能獲得較佳績效，乃取決於夥伴間之關係，而這種關係既非基於強制性的層級權威基礎，也非基於雙方的斤斤計較和立即利益的追求，而是基於超越二者以外的共同利害認知與信任上。尤其在國際性網絡組織中，網絡中的合作夥伴，不僅有其獨立之所有權，更屬於不同的文化與社會環境下的機構，這樣使得彼此間如何增進了解和投契，又多了一層困難因素。

## 建立在倫理關係上的信任——新管理典範的核心要素

　　在以上所描述的新的管理趨勢中，企業無論在內部關係或外部關係上，既不能依照僵化的層級結構和既定的作業程序運作，也不能經由市場上arm-length方式，斤斤計較。

　　在這一趨勢下，企業內外關係之有效運作，不是純靠權威、規定或利害，而有賴相關者彼此間之信任，構成必要的關鍵要素。或且反過來說，如果在企業與外在社會之間、所有權者與經理人間、組織成員之間、企業合作夥伴之間都缺乏互信的話，則新的管理典範將走上混亂崩潰的一途。

　　事實上，這種在新的管理典範下的互信，其重要性已日益表現於許多管理理論或研究中。譬如在威廉大內所著《Z理論》一書中，他將這種組織稱為「產業家族」（industrial clan），其理由即在於這種組織成員間彼此信任，有如家族。在這一著作

中，曾提到信任的地方，即達42處之多，作者並稱「信任」為Z理論之第一要素。具體言之，只有信任才能賦予工作者以思考和行動的自由天地，讓他去發揮其創造力和判斷力。學者紀‧班佛尼斯特（Guy Benveniste）在所著《21世紀組織》中，亦明確指出，未來組織中之新觀念、資源和工作人員將保持流動狀態，真正的行動乃寓於非正式組織中，而在這種非正式組織中，信任將遠較組織本身為重要。

然而，信任從何而來？顯然地，信任無法產生於追求經濟利益——或自利——的行為動機上。相反地，信任產生於對於對方的倫理表現的信心，此即相信對方面臨經濟利益與道德原則相衝突時對於後者的堅持。這種倫理原則的產生，一般又建立在共同的信念、遠景和價值觀念上。

倫理因素之受到重視，在基本意義上，反映人類已漸漸自世紀末的貪婪、自私和虛偽中醒悟過來；人們發現，過去以及今天人類所遭受的種種苦難，即導源於偏頗和狹隘的心胸，重物質而輕精神，重知性而輕感性，只重眼前而不計後果。在這種醒悟中，人們的價值觀，將自「物質主義」轉向「心靈價值」，又從「消費主義」轉變為對於社會正義與經濟公平的關切。這一轉變，在梅納德（Maynard） 與瑪特恩斯（Mehrtens）近著中稱之為「第四波」的來臨，可能是人類在喪志和迷惘中所看到的一線曙光。

# 第三章　企業經營與王道文化的實踐

施振榮

宏碁集團創辦人 / 智榮基金會董事長

　　從人類文明發展的歷史來看，價值思想是人類文明發展中很重要的一個特色。就以綿延幾千年的中華文化來看，在中國文明發展的過程中，最為關鍵的價值思想可說就是由孔孟一脈相傳下來的「儒家思想」，在距今二千五百多年前即已成形，至今仍深深影響著亞洲地區。

　　孔孟提出「儒家思想」當時正值春秋戰國時代，群雄勢力並起，列國如同各個部落，以「國」為單位，各國的君王各擁不同的學說思想派別，競爭為王之道，以求治理天下並吸納人才。

## 今之王道是大小組織領導之道

　　因此，古代的王者指的是列國的君王儒家思想中所談的王道，是君王的治國為王之道。但到了現代，所談的王道已非指帝王之道，如今所謂的王者，指的是在各個不同領域大大小小組織的領導者，今之王道所談的則是領導人之道。

　　在現代多元化的社會下為追求永續發展，就需要社會各領域的「王者」，諸如文學、藝術、企業、公益組織等等不同領域的領導者來創造社會價值，讓物質與精神生活更文明，以滿足大家

的需求。

　　且就東西方文化發展的差異造成東西經營理念的不同來看，在東方文化下經營理念強調的是「共存共榮」，永續存在是追求的目標，只有「自榮」（自我榮耀）是沒有意義的，且結果一定會導致生態不平衡，且「自榮」也無法永續，生態只靠自己更無法存在。

　　反觀西方文化下的經營理念則是「贏者通吃」，企業重視的是競爭與霸道，雖然企業在此理念下經營短期可能可以獲得一定的利益，但由於時間一久就會導致產業生態的不平衡，最終難以永續發展。

## 西方資本主義的盲點

　　美國在西方資本主義的影響下，過去只重視股東（shareholders）權益的最大化，慣於霸道行事，因此產生了弊端與盲點，後來才轉為必須兼顧所有利益關係者的利益，並進而要求重視公司治理及企業社會責任、環境保護等議題，開始較符合王道精神（但這只是一種由外而內的要求）。

　　然而資本主義雖然在過去成功創造了以經濟為中心的社會價值，但卻又造成利益不平衡的問題，因此，我認為東方的王道經營理念正可突破資本主義盲點，達到永續經營的目標，同時也解決過去透過共產主義的手段所無法建立起創造社會價值的機制，讓儒家思想在社會發展中再次受到重視，並對人類文明發展做出

貢獻（強調由內而外的追求）。

## 王道三大核心信念

王道可說是一種精神、一種文化，這個源自於東方文化的傳統思維，與目前西方所重視的霸道價值觀有很大的差異，雖然目前王道精神並非主流文化，但值得大家重視。

而王道的三大核心信念，可以說就是「永續經營」、「創造價值」、「利益平衡」。

進一步來說，從現代的角度來看王道，身為領導者就是要照顧所有的利益相關者（stakeholders），並且要能為所有的利益相關者創造價值。其次，在創造價值之後，還要能做到利益平衡，如此才能達到永續經營的目標。

且這裡所談的利益相關者包含了客戶、員工、股東、供應商、經銷商、銀行等等，甚至還包含社會、環境等各種有無生命的利益相關者，談王道就是要照顧所有的利益關係人。

如果能實踐王道的三大核心信念，相信對於人類文明、地球生態、國家社會、企業機構的永續經營，都將有正面的幫助。

## 六面向價值總帳論

要實踐王道精神的第一件事，領導人就要思考：「自己能替所有的利益相關者創造什麼價值？」組織存在的價值，在於能為

社會創造價值。但如果只從「直接」、「有形」、「現在」的角度來看，則衡量指標就會太過偏差，容易形成盲點。

因此我提出了「六面向價值總帳論」，建議領導人在創造價值的同時，還要考慮六個不同的面向——包括「直接」／「間接」、「有形」／「無形」、「現在」／「未來」，王道領導人不僅僅只考慮所創造的直接、有形、現在的價值，更要同時兼顧間接、無形、未來的價值。（詳見下圖）

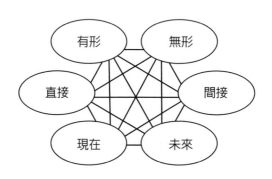

**圖1：六面向價值總帳論**

六面向價值總帳論的核心理念為「六面向價值不滅理念」，因此，領導人要能掌握各面向價值的相互影響因素，並建立有效轉換機制，如果能兼顧這六個面向的價值平衡發展，相信將有助長期總價值的體現。

從另一個角度來說，如果領導人只重視直接、有形、現在的價值，沒有從組織發展的長遠角度來考量，長此以往將造成短視

近利，最終也將導致組織的競爭力不足。

在社會發展的過程中，追求永續發展是最終目標，過程中領導人一定要能時時刻刻提醒自己，從這六個不同的面向時時來省思自己所領導的組織，所創造的總價值是否對社會有所貢獻，並納入時間的因素，以長期「算總帳」的思維來看待價值。

## 利益的平衡

在談王道的實踐時，除了創造價值之外，如何兼顧所有利益相關者的利益平衡是很重要的，因為一旦利益分配不均，造成利益相關者的心理不平衡，整個組織或產業生態就會隨之動搖，甚至合作的機制進而崩解，難以永續發展。

因此我們要理解到，社會價值是由所有利益相關者所共同創造，利益（也有六面向）對大家來說，是創造價值的重大誘因，因此身為領導者就要制定分配的機制，唯有利益平衡才能確保發揮團隊力量及持續合作。

很重要的是，昨天平衡，不代表今天依舊平衡，因此要有「動態平衡」的觀念，對於如何分配利益的機制也要不斷調整，才能維繫所有利益相關者的合作，促進持續的進步。

此外，王道思維也是一種「利他主義」，包括我所提及的「利己可以贏一時」、「利他才可爭千秋」、「利他是最好的利己」這些理念與思維，都和王道思維所追求的利益平衡與永續發展的道理是相通的。

## 由王道思維到王道文化

談王道，目標就是要塑造一個有效發揮組織力的文化，而要從王道思維發展到成為王道文化，就要由價值觀深植成每個人的基本信念，同時還要藉由長期由上而下、在組織內不斷溝通形成共識，並成為多數人日常工作及生活相似之言行，如此才能在組織或企業內形塑出王道文化。

我也認為，王道文化是企業永續發展的關鍵基石。

## 王道文化的實踐

至於要如何來實踐王道文化？我以我自己一路走來的經驗為例，創業三十多年來就是以王道的精神與思維，落實在企業的經營之中，實踐著王道文化。

特別是我小時候在中部的鄉下長大，民風純樸，不太受到資本主義的影響，在傳統教育之下，我的思維還是來自於傳統東方的孔孟思想，從小也在此自然薰陶下建立起初步的王道價值觀。

之後也看到了資本主義的問題與盲點，我並不認同急功近利，社會上其實存在許多讓價值無法體現的瓶頸，人存在的意義就是要去突破瓶頸，一旦能有所突破，自然就能創造出價值。

當然這些瓶頸之所以會一直存在，一定有其原因，要解決也一定有相當的困難，否則就輪不到你；但如果能勇於挑戰困難，一旦能有效突破，則自然能創造出價值，這個就是我的座右銘：

「挑戰困難、突破瓶頸、創造價值」。

至於實際的做法，跟隨非我風格——Me too is not my style，我反向思考，選擇走與大家不同的路，希望能創造價值，走出不同的路子來。

## 突破傳統文化瓶頸　讓人才發揮潛能創造價值

在我創業後，我發覺組織發展最大的瓶頸往往來自於傳統的文化，諸如「一盤散沙」、「師傅留一手」、「中央集權」、「家天下」等等，而要突破這些根深蒂固的傳統文化，實在極具挑戰性。因為文化就是人的行為，面臨的是人性的挑戰。

不過這些傳統文化也正是組織社會能否創造價值的瓶頸之所在，如果能有所突破，很多人才的潛能就能有效發揮進而創造更大的價值，因此我一路走來，雖然明知相對挑戰極大，仍然持續堅持要以身作則，希望能立下典範，帶大家走一條不同的道路。

也因此，我創業以來，以「利益共同體」、「不留一手」、「分散式管理」、「傳賢不傳子」等為經營理念，在在都是為了挑戰過去華人文化的傳統思維。

當然要做到這些並不容易，在在都在挑戰一般人性的盲點，因此我在思維上也要能說服自己，我從反向思考、享受大權旁落、認輸才會贏、要命不要面子、利他是最好的利己等等思維著手，落實人性本善，以建構激發人才潛能的舞台。

## 王道文化的實踐：以宏碁為例

　　而宏碁從1976年以100萬元新台幣創立以來，以「微處理機的園丁」自許，發展至2010年時，ABW（宏碁、明基、緯創）家族總營業額超過美金660億，一路走來都是以王道的精神與思維在經營，徹底實踐了王道的文化。

　　因此我說，王道為可「吾道一以貫之」之道，從宏碁發展過程中的實例來看，包括員工入股分紅、分紅、入股等制度，到勸退計畫、1992年宏碁再造、2000年世紀變革，以及國際化發展過程的「全球品牌、結合地緣」策略，與人才培育的群龍計畫，都是王道文化的最佳實踐。

　　如果從六面向價值總帳來看宏碁，我想，宏碁所創造的最大價值應該是在於，在台灣及全球推廣微處理機技術及PC普及化，為股東創造合理財務績效，改變台灣傳統企業文化，培育台灣最多的經營及國際人才，且引領台灣高科技產業的蓬勃發展，並提升台灣品牌國際形象。

## 王道薪傳班的創設

　　而為了將王道理念與精神進一步對外推廣，我與國際管理學會主席的美國達頓商學院講座教授陳明哲在2011年共同創辦「王道薪傳班」，結合學術界與實務界的經驗，以東方的王道文化為核心理念，結合西方的管理課程，希望有助協助華人企業的全球

化發展。

從2011年3月開設第一期課程至2012年9月第四期課程,為兩岸為主的華人企業培養許多認同王道理念的企業家與高階主管,來自兩岸的企業學員約各占一半,至今已累計近百位學員參與。

王道薪傳班係以中華傳統文化「王道精神」為出發點,重視文化的交流與融合,與一般西方企業經營的理念係以「霸道」為主軸的思維有很大的差異。且王道精神很重要的核心精神在於注重利益相關者之間的平衡,兼顧所有利益相關者的利益,如此方能達到永續的目標。

其核心課程所探討的議題包括:全球策略與拓展、競爭與策略、創新與創業精神、品牌化、領導與轉型等。目前我除了透過演講分享王道的精神與理念之外,也正積極與學術界合作,希望能發展一些王道企業的案例,讓大家更能體會到王道的具體實踐。

王道薪傳班致力於培養新一代的王道企業家。這種新典範的企業家,是以華人的王道與平衡哲學為本,強調雙贏策略與企業倫理,以便同時具備卓越的專業能力與深度的人文素養。課程強調的是中西合璧、貫穿體用的動態競爭模型。

## 王道:指引方向航向目的地的北極星

最後,總結來說,王道,就猶如在茫茫大海中,能指引方向航向目的地的北極星。王道可說是企業追求永續,各階段發展

時，擬定願景、規劃競爭策略、及落實組織運作機制的核心指導方針。

　　相信企業經營如能落實王道精神，實踐文道文化，將更能為所有的利益相關者創造更為永續發展的價值。

# 第四章　台達電的綠色企業與王道文化的實踐

鄭崇華

台達集團創辦人暨榮譽董事長

## 面對全球暖化應有的態度

　　眾所周知，IT產業讓台灣在國際舞台上發光發熱，但面臨全世界產業結構與經濟環境的轉變，我們絕不應因此自滿，必須要跟上改變的腳步，而且更加注意關於環保節能及迫切的地球暖化問題，提出整體有效的實施政策。

　　從20世紀末期開始，全球皆已意識到科技與工業的進步發展，雖然帶來了生活的便捷，卻也造成許多對自然環境的衝擊，諸如天然物資的大量耗損、能源短缺，空氣、水資源及土地的環境污染，化學物及重金屬危害人類健康……不勝枚舉，更嚴重的是聯合國跨政府氣候變遷小組（Intergovernmental Panel on Climate Change, IPCC）公布了從1988年成立以來的第四份報告，更加確信全球暖化現象是近世紀人類排放了過量的二氧化碳等溫室氣體所導致，問題嚴重且急迫，若無有效的改善措施，那麼21世紀末的全球溫度預估將較1990年代再上升攝氏二度，屆時會有數十億人口面臨缺水危機，並因氣候遽變造成的天災而成為無家可歸的

難民。

今年6月剛在里約召開過地球高峰會議，會議聚焦兩大主軸：「永續發展及消除貧窮的綠色經濟」。雖然討論了七大需要優先關注領域，包括就業、能源、永續城市、糧食安全與永續農業、水資源、海洋、災難準備等，結論以「我們希望的未來」（The Future We Want）列出 283條永續行動的項目，可惜大多只是原則的宣誓，缺少實際行動的承諾。

在過去的這些年，二氧化碳排放持續升高已接近400 ppm、冰山加速融化、地球暖化的速度沒有減緩的跡象，地表平均溫度升高，目前還沒突破一度，就已經在世界各地造成各式的災難。去年全球天災造成的損失大約是美金380 billion，也是有統計資料以來最高的一年。我覺得全球的政府、教育界、企業界及人民，都還要加強教育，讓大家更深刻體會其嚴重性，加緊採取有效的行動。

目前實施減緩暖化現象繼續惡化的各項政策，花費只需上述金額的十到二十分之一，況且這些投資還可帶來商機。我們愈晚開始行動，所需的花費愈高，執行也愈為困難。所以，我們不僅是要採取行動，更必須要「立即」行動！

## 得天獨厚的地球

一個世紀以來，科學家們認為地球正好在太陽系中絕佳的位置，讓我們的氣溫適宜，保有液態水以及大氣，使地球綠意盎

然。此外，在我們的外圍，有質量比地球大318倍的巨大木星作為屏障，當彗星飛向太陽系時，這些入侵者可能落向引力更大的木星，讓地球免於被傷害，而質量為地球95倍的土星，同樣具備這個作用。

如果沒有大型行星的保護，地球遭受撞擊的機率可能是目前的1,000倍，根本沒有造物的時間來演化出目前地球上的高等生物以及有智慧的人類。

由此可知，我們所居住的地球，在宇宙中是多麼的難能可貴，也就是因為有了許多條件「剛好」結合在一起，宇宙才能創造出像地球這麼一個可以孕育萬物生命的星球，所以人類應該要用最大的力量來保護地球、愛惜地球。近一個世紀，天文學家都在尋找另一個地球，但到目前還沒有找到。

## 台達的創立與經營理念

我是民國48年從成大電機系畢業，因為隻身在台，四年來都過著住校生活，甚至有好幾個寒暑假也住在學校的宿舍裡，那個時候，學校就是我的家。當時台灣的研究所不多，我的同學在畢業、服完兵役之後，有一半以上都出國深造，雖然我受限於自己的條件出不去，但還算幸運考入了台南亞航工作。

不久，遇上美軍到亞洲來參與韓戰和越戰，大量的美國軍機飛到亞航來做維修，加上有CAT新購入的噴射客機，以及其他航空公司的民航機等零組件都會送到亞航維修，讓我忙得不亦樂

乎。我在工作中接觸了許多飛航儀器及電子控制系統等新科技，同時也深切體會到產品可靠度與品質的重要。

在亞航工作了五年之後，適逢政府的外資獎勵投資措施，吸引外國公司來台投資設廠，我加入TRW，參與來台設廠的工作，TRW送我到美國實習受訓，回來參與建廠、設立生產線等各項工作，先後擔任生產、設計、品管等部門的主管，在這裡也工作了五年，加上亞航的五年，這十年累積的經驗與磨練，對我後來的創業有很大的幫助。

1960年代，外商來台投資，同時帶動了台灣本地工業的成長與發展，提供年輕畢業生不少工作機會，日後許多新成立的公司，人才大多來自外商。

1970年代，國內製造電視機的電子公司，必須從日本進口關鍵零組件，我看到了這個機會，於是辭去了外商的工作，於1971年成立台達電子公司生產電視機用的電子零組件，一開始只有十五個員工，產品也只供應給國內的大同等公司，但業務每年都迅速成長，漸漸供應給RCA、Zenith及Philips等在台灣設廠的外商，同時也直接外銷。

1971年台達電子創立後不久，當時台灣用電量每年持續增加7%，供電狀況吃緊，有時甚至輪流分區停電。那時大家都呼籲趕快蓋電廠，天文數字的投資及周遭居民的反對聲浪，讓興建與否的話題一直爭論不休。我當時發現，美國加州也有電力不足的問題，發電廠卻免費贈送用戶省電燈泡，同樣的亮度，耗電量卻只有一般鎢絲燈泡的四分之一，此舉直接解決了電力不足的問

題，而聽說發電廠趁勢將每度電的單價調高，但用戶因為用電量的減少，電費不增反減，皆大歡喜。

當時我看到不論家庭和工業，各種設備所使用的電源供應器都是效率低於50%的Linear Power Supply，應改用效率更高的Switching Power Supply，從提升效率與節能來做起，才是「最經濟」、「更快速」的有效解決之道。因此決定投入開發更輕更小、效率更高的Switching Power Supply開關電源領域，並同時訂下To provide innovative, clean and energy-efficient solutions for a better tomorrow（中文簡化為「環保 節能 愛地球」）為台達的經營使命。

1980年初期，順應PC的成長熱潮，我們領先設計製造了電磁干擾濾波器（EMI Filter）、交換式電源供應器（Switching Power Supply）、無刷直流風扇（DC Fans）等零組件，供應個人電腦市場，所幸當時所有電腦公司的電源供應器都捨棄了傳統的Linear Power Supply，改用體積較小、重量輕、效率高的Switching Power Supply，給我們帶來了商機。

1983年台達開始生產Switching Power Supply，從桌上型PC、筆記型電腦，發展到供應高端伺服器、工業電腦及通訊系統如電信交換機電源、行動電話基地台等的電源設備，此外還有工業設備電源、太陽能轉換器（PV Inverter）與大型不斷電系統（UPS）等，目前各項電源管理產品占公司營收的55%。而台達電子除了電源管理產品之外，還有零組件、視訊系統、工業自動控制以及網通等不同產品領域。

我經常提醒公司同仁，要有長遠的計畫，並且勇於改革應變，不斷開發市場需求度高且具競爭力的產品與服務，才能長期生存及成長。回想我們70年代的三大客戶RCA、Zenith、Philips在當年都是頂尖的大公司，目前只剩下Philips經營得很好；而80年代的IBM、Digital、Wang（王安）三大電腦公司，也只剩下IBM因為應變得宜才有今天。如何去因應瞬息萬變的市場及環境變動，洞燭機先提供市場需要的產品與服務來滿足顧客，才能永續經營。

四十多年來，在台達同仁長期實踐環保及技術創新之下，電源產品的效率每年不斷地提升，目前都達到90%以上，通訊用電源（Telecom Power）可以達到97%、太陽能轉換器更達到98%。因為這樣的成果，讓台達在2002年開始成為世界第一的電源供應商，2006年我們的散熱系統無刷直流風扇也成為世界第一。我們深信，努力於環保工作不僅不是負擔，更會帶來商機。有遠見的公司，絕對會善用環保節能的優勢來創造公司本身與產品的價值，同時也會藉由這樣的特質讓公司不斷成長創新。

## 綠色競爭力的重要性

全球暖化是危機同時也是轉機，以政府的角色來說，其所應扮演的就是有前瞻性的能源政策制定者，盡速制定並通過能源相關法規，並將全球暖化及低碳環保趨勢列入政策制定考量。

目前世界經濟體系與產業結構皆迅速變化，對綠色競爭力的

準備程度，將決定未來幾年所處的地位。所以不論是國家、政府、企業，甚至包括每一個人，面對這樣的變化，都要有新的思維與新的行動。

## 台達的綠色競爭力

在環保節能的目標下，我們開發出許多綠色科技產品，依其功能性，約可分為：電源及零組件、能源管理、智能綠生活三大領域。電源及零組件的開關電源用於各類計算機還有攜帶型電腦及器件的行動電源、大型的通訊電源、不斷電系統。我們的電源，從2002年開始就成為全球第一，一直維持到現在；還有用於系統散熱無刷直流風扇自2006年開始，也是全球第一。

能源管理包括了工業自動化器件、工廠及各種建築智能自動化的系統設計及服務，汽車電子動力系統及汽車充電系統。另外，還有綠色能源如太陽能轉換器、風力發電、變流器及電控系統機台、中壓變頻器用於工業設備，如煉鋼廠的電源。

智能綠生活則包括了無線通訊網路系統，視訊系統及劇院大型3D及高端投影系統，節能LED照明，手持式醫療產品。智能語音系統讓生活更環保、健康、節能。從2010年到2012年，台達的各式高效節能產品與解決方案總計為客戶節省高達93億度電，相當於為地球減少500萬公噸的二氧化碳排放。

根據我們的經驗，今天太陽能適合應用在解決用電尖峰時段供電。因為尖峰用電時段，也是太陽最強、發電量最大的時段，

用太陽能解決當地尖峰用電時段的需求，成本比特別為尖峰供電建造電廠更為划算。台達在2009年，打造了高雄世運會主場館總發電量高達1MW的太陽能電力系統，每年發電110萬度以上，對解決高雄地區尖峰用電具有實際幫助。

LED用於照明，我們目前已經做到90~120流明瓦，用電只需傳統燈泡的十分之一、省電燈泡的三分之一，壽命卻是一般燈泡的10~15倍。LED用於Projector的光源，有省電、壽命長、色彩更鮮豔、可即時啟動的各種優點，我們已經成功將此技術應用在投影視訊產品上，如特有的超短焦投影機、特小型的高清投影機Qumi，都得到國際市場上的肯定。

隨著網際網路的全新IT服務和使用的進展，台達應用長期投入各式電源與散熱管理的核心技術，打造出節能的雲端機櫃及電源系統，效率高、空間小，大幅的節省成本。台達雲端資料中心電源使用效率PUE僅1.25，遠低於先進國家標準，甚至低於美國綠建築標章LEED中規範綠色資料中心的標準值1.5。

針對環保運輸工具，台達已發展出電動車、混合動力車的發電機、馬達、整車動力及控制系統。由於純電動車被消費大眾期待了很長一段時間，但受限於電池壽命、重量、體積及價格還不夠理想，目前仍以發展油電混合動力較為實際。以城市的人口密度和車流量，我覺得政府應該要主導開發便捷、環保、無排放的公共運輸系統，人們如果都居住在這樣無污染且綠化的環境中，那該有多好！

## 綠建築的觀念起源與應用

此外，建築物的能源消耗，占能源總消耗量的四分之一到三分之一，同時還會排放大量溫室氣體。建築設計與建造方式，對於日後的能源消耗影響久遠。建築物的隔熱、照明、空調、熱水供應，以及環境座向、氣流……等，都有許多改善的空間。

所以，近年來我大力地推廣興建「綠建築」的觀念，也要求公司只要有新建工廠或辦公大樓的需求，一定要以綠建築的工法做設計與建材選用。

最早會有這個想法，主要是因為《綠色資本主義》一書對於綠建築的描述。為此，早在2004年我就邀約台達基金會與營建單位的同仁，特地到泰國拜會專精於綠建築設計與工法的教授Dr. Soontorn Boonyatikarn，參觀他所設計監造的Green Building。這棟綠建築僅使用一般建築十五分之一的耗電量，就可以在全年炎熱的泰國，將室溫保持在25℃上下、相對溼度保持在50%左右，並維持優良的空氣品質。

其實，運用「自然化、簡單化、低成本化、本土化、因地制宜化」的概念，就可以蓋出好的綠建築。台達電子在台南科學園區的分公司，2006年甫落成啟用就獲得內政部「黃金級綠建築」標章的肯定，透過良好的通風與採光設計，帶給同仁更健康舒適的工作環境。2009年因逐年不斷改善能源使用的需求，更升格為「鑽石級綠建築」，可比傳統建築物節省35%的能源與50%的水資源。

透過這樣一個節能又舒適的實際例證，從此讓我們在世界各地新建的工廠，都打造成綠建築，包括泰國、印度、乃至於歐洲斯洛伐克，以及我們最新落成的桃園研發中心，全面導入節能的工業自動化產品和控制系統，是名符其實的「自動化智慧綠建築」。電梯是採用自製效率高於90%的直流無刷馬達，加上電梯能源回生系統，與一般電梯相比，可以節省50%以上的用電。

我個人在中央大學、成功大學、清華大學捐贈的研發大樓，以及捐建四川震災重建的陽光小學、和台灣八八風災後重建的那瑪夏民權國小，全部都是綠建築。尤其是民權國小，不但比一般校園節能65%，校園裡的圖書館在良好的日照條件下，還能百分之百使用再生能源，成為全台第一棟達到「零耗能」建築。啟用以來，只要南台灣遭逢豪大雨，把那瑪夏鄉連外道路沖毀時，那瑪夏民權國小便成了當地居民的避難所，充分的發揮了原先請郭英釗建築師把「防災、避難」都考慮設計進去的功能。

## 飲水思源　感念先賢無私奉獻

創業以來，我特別感念李國鼎、孫運璿先生等先賢在過去台灣經濟困頓及國際形勢不利的時候，運用他們的魄力、遠見，清廉無私，視國家社會發展為己任，規劃了正確的經濟發展策略，在國難中把握時機。當年，在他們的領導下，民眾對國家有信心，大家一起努力，不僅扭轉了不利的形勢，把台灣的經濟一步步的趨入正軌。此外，孫運璿先生當年致力催生工研院，及早讓

國家擁有這樣一個人才培育搖籃及新技術的研究機構，對工業界而言有絕大的幫助，讓科技產業進入新領域時，可以節省許多時間，促使整個企業界與國際接軌的腳步加快，產業更具競爭力。為了下一代及台灣好，大家應多多了解孫運璿先生毫無私心、一生為台灣奉獻的事蹟，並作為我們學習的典範。

台達電子的誕生與成長，深得這些官員的恩惠，他們為台灣營造了一個良好的投資環境與機會，才有後來許多台灣企業的創立及發展。因此我在成功大學成立「李國鼎科技講座」，並在中央大學捐助「國鼎光電大樓」，同時也在清華大學捐資成立「孫運璿科技講座」，除了感念他們對於台灣科技發展、經濟建設的卓越貢獻之外，也是想呼應李國鼎先生說過：「科技發展是經濟發展的原動力」這句話，希望能藉由講座，支持台灣在科技研發能力上，做進一步的提升，進而帶動台灣整體的進步與發展。

## 永續地球　保有宇宙恩典

台達近年來非常關切環境問題，積極地研發潔淨與替代能源產品技術，研究如何更有效地使用資源。我們一邊學習一邊努力去做，一方面對環保有益，一方面也為了落實永續發展。

宇宙與太陽系經過了四十六億年演化所形成的地球，卻因人類的工業發展，把美好的天然環境在短短不到三百年間就破壞了。地球因人類活動的頻繁與工業的發展，打破了原有的生態平衡，並造成各種污染及能源短缺。

一再呼籲，無非是希望大家在面對人類自己所造成的21世紀環境危機時，應該要及早覺醒，不要等到環境惡化的程度讓生存受到威脅，才恍然大悟。宇宙在自然運行之中，結合了這麼多巧妙的條件才創造出地球，大家要用感恩之心來愛護地球環境，讓地球永續運行，也讓我們的下一代仍然能夠保有這份宇宙的恩典。

# 第五章　企業倫理與王道文化的實踐

周俊吉

信義企業集團董事長

首先，讓我們從一則《孟子・梁惠王》的小故事開始。

孟子一日拜見梁惠王，梁惠王劈頭就問：「叟！不遠千里而來，亦將有以利吾國乎？」，孟子不急不徐地回應：「王！何必曰利？亦有仁義而已矣。」

利乃短利，惟有仁義乃為長利。「信義房屋」就是放眼長利、眾人之利，並相信長利不與短利相悖，也可望帶來短利，才有今時今日的企業經營成就。

所以，在分享「企業倫理與王道文化的實踐」這個主題之前，我想先談一下中華民族的歷史觀，從儒家傳統的緣起、沿革，及其如何影響中國人的思想與典章制度，一直到深入社會的每個角落。

## 儒家傳統的啓發

約在西元前八世紀，原本一統中國的周朝式微，進入了諸侯據地稱王、各國逐鹿中原的春秋戰國時代。西元前二世紀，漢朝大儒董仲舒在著名的「天人三策」中，提出「罷黜百家，獨尊儒術」的想法，獲得漢武帝的大為讚賞，並決定加以採納實施，確

立了儒家傳統兩千多年來，在華人社會中不可動搖的正統地位。

但儒家傳統博大精深，如何快速達到風行草偃、老嫗皆知的教化效果？經董仲舒歸納整理、去蕪存菁後，提出定義人倫關係精華的「三綱五常」，透過名份的相對關係來教育感化民眾，藉此維護社會政治與經濟關係的穩定。於是，儒家傳統開始成為中華民族人人耳熟能詳的金科玉律。

三綱指三種人倫從屬關係：「君為臣綱，父為子綱，夫為妻綱」。換句話說，臣子應以君主為依歸，父子、夫妻間的關係以此類推。而五常則是人倫關係的相處之道：「仁、義、禮、智、信」。

「仁」是以愛心善待他人，是孔子思想的中心；「義」是公正合宜的道理、該做的事情；「禮」是上下有別、尊卑有序；「智」是通達真理、明辨是非；「信」是有信用、重視承諾、說到做到。三綱與五常不可分離，用來詮釋人與人之間的道德規範。

三綱五常的思想，自西元前二世紀起便逐漸融入華人社會，歷經兩千多年各朝代的演繹與推廣，早已深入人心，成為許多華人與生俱來的價值觀。19世紀以來，雖然西風東漸，中華文化傳統思想在不同領域，相繼遭受西方現實主義的嚴重挑戰，但追根究柢，東西方思潮的根本價值，仍以追求理性秩序、體察生命意義為中心。

簡言之，雙方可說是殊途同歸，端視信仰者如何因時制宜、與時俱進，賦予這些古老學說，全新且適當的時代面貌。

## 創業前的思考

剛踏入社會時，我的前兩份工作都在仲介相關行業（各待一個月）。開始見識到由於產業環境不健全，而導致扭曲發展的工作型態。

仲介公司對外利用市場資訊不對稱，欺瞞買賣雙方、透過兩面手法賺取差價，大大傷害了消費者利益與交易安全。對內則純以業績導向來教育員工，甚至用騙術來達到成交目的，並以各種名目扣除「保障薪資」。

因此，在結束兩個短暫工作後，大嘆不如歸去的我開始思考，究竟社會大眾為什麼需要房仲業？若是我選擇房仲業做為創業首選，又能提供何種不同於市場現況的服務與價值？在我不斷與自己對話，並針對房仲業本質反覆辯證的過程中，從小所熟讀的儒家思想就像血液裡的DNA一樣開始騷動，也逐漸沸騰我立志要促使房仲業有所質變的熱情，也下定決心要自己創業、當自己的「頭家」。

當時的我，有著一股「初生之犢不畏虎」的衝勁，單純地認為理想中的房仲產業，不該是奠基在資訊不對稱、甚至是欺騙來獲取利潤。對大多數人來說，房屋買賣很可能就是她／他們一生中最大筆金額的交易，顧客願意把這麼重大的事情交給房仲業者，原因無他，不過「信任」二字而已。換句話說，房仲業就是「信任」的產業。

# 「信義房屋」的經營核心

雖然三十年前台灣的房仲市場亂象叢生，種種欺上瞞下、巧言令色的交易手法儼然成為市場主流，但我卻深信，這只是因為產業發展尚在萌芽時期，短暫瀰漫著目光如豆、胸襟狹隘的經營氣氛。

就像海浪（短視近利的手段）是垂直卻零星地拍打著海岸，而真正穩定而強大的力量，是海面下與海岸平行的海流（符合社會利益的價值觀與行為），那樣的海流才是企業「開大門、走大路」，真正應該依循的方向。

「創業貴於慎始」！幾經思索後，我決定回歸自己的根本信仰，向影響華人社會甚鉅、流傳兩千多年的儒家傳統取經——信、義、倫理，來期許並鞭策自己不斷前進。

孔子曾經這樣論述君子：「君子以義為本質，合乎禮節地實行，謙卑地表達出來，誠實無欺地達成目標。這就是君子啊！」而這也是目前「信義房屋」中，最高榮譽「信義君子」的由來。而「義」就是「合宜的思考或行為」，「信」就是「重視承諾、說到做到」，因此信義就是「該做的事，說到做到」！

「倫理」則包含各式各樣的人際關係。從最開始的「五倫」——君臣、父子、夫婦、兄弟、朋友，主要描述「一對一」的關係。到後來李國鼎先生倡議第六倫——群我關係，「一對多」的倫理關係才開始受到關注。而企業倫理基本上就是談「一對多」的倫理關係。

「倫理」的概念比「道德」來得中性，所謂「倫理」是指「人與人之間，適當的人際關係」，例如父慈子孝、兄友弟恭等。所以「企業倫理」就是指企業跟顧客群、股東群、同仁群、供應商、社會大眾，甚至是自然環境等之間的合宜行為、適當關係。

　　釐清楚這些關係之後，企業對這些群體的所作所為，就是「企業社會責任」（CSR）的衡量標的。

　　這兩者其實是一體兩面，只是CSR可透過具體項目衡量，比較容易有掌聲；倫理比較像人們內在對事物的基本看法，這些抽象的看法需要透過CSR來加以呈現。兩者並不相等。

　　CSR與企業倫理最大的差異在於，CSR有具體指標可以衡量，因此容易為了達成目標，而忽略最根本的內在動機，這也是CSR的最大困境。長此以往，同仁可能無法養成自省與思辨能力，只以達成指標做為最後目的。

　　更何況，企業運作一段時間之後，CSR指標需要與時俱進，但如果同仁欠缺基本理解，不僅難以認知指標變更的必要性，也無法領悟CSR到底所為何來。企業倫理教育就能彌補這部分的缺憾，這也是我為何積極推動企業倫理的主要原因。

　　更極端的例子是，為了要滿足CSR的量化指標，所使用的手段或方法，有可能就違反了企業倫理。如果沒有從本心做起，指標成績只是徒具形式，更有可能是造假或美化之後的表象。

　　若用儒家兩大中心思想——仁、義來比喻，「仁」比較像是「企業倫理」，也就是企業根本的立業態度；「義」則像是

「CSR」，是企業展現出來的行為。仁是仁愛之心；義是處事合宜。就如同古諺所云「仁心義路」，兩者基本上互為表裡，鮮少單獨存在。

## 立業宗旨　永恆的價值

「信義房屋」的經營架構以企業倫理為基礎，對各利害關係人做該做的事、說到做到，進而實踐企業社會責任的過程。各利害關係人包括顧客、同仁、股東、社會大眾及自然環境。

於是，在釐清客戶、同仁、公司三者間的關係，並參考日本經營之神——松下幸之助的《實踐經營哲學》一書後，我在1980年正式創業時，寫下了這七十字的立業宗旨，即「吾等願藉專業知識、群體力量以服務社會大眾，促進房地產交易之安全、迅速與合理，並提供良好環境，使同仁獲得就業之安全與成長，而以適當利潤維持企業之生存與發展。」

沿用了二十八年之後，2008年底，我發了一封信給全體同仁，標題是「誰來挑戰？挑戰『周俊吉』，創造新信義！」希望徵求新一代的立業宗旨。發起這樣的重大變革有兩個重要目的：

一是為了因時制宜、與時俱進。當年舊版的立業宗旨，用意是期許所有同仁都能做房仲業的「清流」，但在二十八年的不斷努力之後，「清流」已經成為「主流」，當初許多「信義房屋」獨樹一格的做法，已逐漸受到業界採納、成為標準作業方式。為了反應正在改變的時代，我認為，除了堅持原有的理性信念外，

「信義房屋」需要更多感性的元素。不只是保障交易安全，還必須對各利害關係人，多加上一份關心與責任。

二是讓所有同仁一起參與這個「重新創業」的過程，讓大家都能找回當初之所以「起心動念」的初衷，共同決定「信義房屋」未來三十年的新樣貌、重新脫胎換骨。從一家好公司繼續成長為一家卓越而偉大的公司。

歷經超過兩百場會議的討論，2.0版的新立業宗旨，於2009年元月於焉誕生：

> 我們堅持永恆的價值
> 熱情實現家業夢想
> 分享每個獨特的故事
> 共同成就豐富人生
> 和諧成長　生生不息

今年初，我們更開始設置「倫理長」，由我本人兼任，同時建立「誠信制度」，透過雙管齊下的方式，推動企業倫理課程。我們延請長期教授企業倫理的楊百川老師，先從副總級以上的高階主管開始，每次上課三個半小時，一共十次。

接著是區部主管，未來希望進一步推廣到店長及所有經紀人同仁。有同仁課後反應，原本以為倫理課上起來會昏昏欲睡，沒想到老師的活潑授課方式，讓學員們反應熱烈、欲罷不能。以高階主管的課為例，最後一堂課，從原本的三個半小時，自動延長

到四小時十五分。

　　「信義房屋」希望透過企業倫理教育，讓所有同仁了解事情的根本道理與原則，讓主管們都能即時為同仁們解惑，遇到困難時不再迷惘。

## 經營使命　產業的清流

　　我們的經營使命，是期許每個信義同仁都能本著信義精神工作。因著所有的信義人，「信義房屋」將成為產業裡的清流。只要「信義房屋」的規模愈大，所能發揮的影響力希望也愈大，則整體產業發展也將愈來愈健全，進而擴大跨產業的影響力，促使信義社會的實現。

　　「信義房屋」始終以滿足客戶的需求為出發點，不斷推出各種創新服務，而這樣的創新也很快為同業所跟進，整體產業品質因此不斷被提升。

　　我們歷來的重要創新作法包括：

　　1984年，率先採用「不賺差價」

　　1989年，首先推出「不動產說明書」

　　1992年，推出業界保障最高「漏水保固制度」

　　1993年，推出「購屋全面保障制度」

　　1996年，率先實施「成屋履約保證制度」

　　2007年，首推「購屋四大保障服務」

　　2009年，首推「網路3D裝潢屋服務」

2010年，首推「iPhone手機看屋」

2011年，首創「凶宅安心保障服務」

以「不動產說明書」為例，一開始的想法很單純，電器產品的單價不高，卻都附有鉅細靡遺的使用說明書（如電腦、手機、相機，甚至是吹風機），那為何購買總價高出電器產品幾千、幾萬倍的不動產，相關產品說明卻付之闕如？

就算有，可能也只是非常細小的字體，出現在不重要的地方，寫著「本說明書僅供參考，不負法律責任」。也就是說，消費者只能聽從業者提供的片面資訊，甚至是不實廣告，而影響了最終的判斷結果。

因此，自1989年起，「信義房屋」開始製作「不動產說明書」（需時七天製作、每份成本5,000元），將產權調查、物件狀況、環境資訊書面化，提供給消費者參考、並做為憑證，為的就是保障客戶的權益。

剛開始製作「不動產說明書」時，由於成本大幅增加、交易速度因此延緩，初期並沒有為我們帶來更多獲利。但衡量一項服務的需要與否，對錯標準不在成本，而是消費者的肯定。正因為我們做了對消費者正確的事，出乎意料地，我們在隔年就得到了證明。

因為1989年的房市景氣大好，買方只怕買不到，並不在意仲介業者是否有提供「不動產說明書」；但到了1990年，景氣頓時急凍，買方自然開始「嫌貨」，所以認真取得消費者信賴的「信義房屋」因而勝出。

1990年遭逢美國網路泡沫經濟破滅，以高科技產品為出口主力的台灣經濟，自然無法置身事外，陷入史上第一次的經濟衰退。不僅台股指數在八個月內跌幅超過八成，更有約三分之一的房仲同業不敵景氣寒冬，紛紛宣布關門倒閉。但我們卻因為正確的策略、在正確的方向，打下了深厚的基礎，沉默的客戶以行動選擇了「信義房屋」，讓當時規模不大的我們，能在一片低迷氣氛中，突破重圍、逆向成長五成。

　　還有，像是購屋四大保障——履約保證制度、漏水保固制度、高放射瑕疵保障制度（俗稱輻射屋），還有高氯離子瑕疵保障（俗稱海砂屋），也是首開業界之先河。一般來說，「物之瑕疵」，在法律上屬於屋主的責任。但「信義房屋」認為唯有主動承擔責任、勇於任事，滿足消費者需求後，才能有效建立客戶與我們之間的信任關係。只要顧客的信任感愈強，就會愈願意委由我們服務。

　　當客戶愈多、公司愈大時，「信義房屋」對產業的正向影響力才會愈強。我相信，凡事先問「心誠」、再求「道正」，則「術強」自然水到渠成。

　　2011年，「信義房屋」再次率先推出房仲業史上第一個「凶宅安心保障服務」，包含「凶宅多重過濾系統」的事前預防，及「凶宅補償保障制度」瑕疵的補償，讓消費者在購屋過程中多一層保障，也將交易風險降至最低。

　　信義的自律做法也引發共鳴。政府在最新修正的「成屋買賣定型化契約應記載及不得記載事項訂定及契約書範本修正案」草

案中，規定賣方必須充分揭露凶宅資訊，在2012年10月公告後，2013年5月正式上路。

## 用人慎始 「道」比「術」重要

沒有房仲經驗的新鮮人就像一張白紙，沒有其他企業文化或工作方法的包袱，可塑性最強。「信義房屋」二十幾年來，對於業務新人都抱持著保障工作、照顧生活的方式進行培育，現階段是前六個月領取固定月薪5萬元，六個月後才適用公司一般規定的薪獎制度。

除了讓新人沒有後顧之憂、充分吸收學習外，「信義房屋」的教育訓練非常要求理念傳承，每一個經紀人都是從「信義寶寶」開始培養。強調「先求道正，再求術強」，「術」是形於外的技巧，只要肯學就能掌握要領，也容易被複製。但「道」則是指價值觀與倫理原則，屬於形而上的標準，接近一種信仰，若非衷心認同，很難被模仿。

我深信，在房仲這個行業中，「道」遠比「術」更重要。

「用人不留人、開班不開除」，則是「信義房屋」長久以來的人力資源管理原則。我相信，每位同仁都擁有成熟穩健、誠實正直的人格，所以公司願意保障每一位同仁的就業機會，但不會保障其「職位」，如遇有同仁表現與職位不相稱的情況，公司會透過調動職務的方式進行處理。

我們也不會強留另有職涯規劃的優秀同仁，因為我有信心，

受過「信義房屋」企業文化薰陶的人才，即便轉戰其他公司或產業，應該都會對整體台灣經濟發展發揮正面作用，我會給予尊重並祝福。

## 做教育訓練很貴，但不做更貴

在一個產業中，如果沒有企業願意去培養新進人才，也沒有企業願意投注心力提高人力素質，這個產業肯定沒有未來。既然總是要有人做這件事，「捨我其誰」？！

我剛進房仲產業時，整個產業的形象非常不好，也很少有公司願意訓練人才。但我堅信，「誠信」才是企業成功的唯一之道。當業界的經營邏輯與「信義房屋」實在差距太遠的時候，我們只好自己培養一批願意信仰這套理念的人才，才能在激烈競爭中殺出一條血路。

所以，「信義房屋」堅持只招募沒有經驗的房仲新鮮人，不挖角、一切從頭開始。至於為何選擇大學畢業生？是因為希望能吸引較高素質的人員加入，輔以我們完善且持續的教育訓練，而能將同仁的良率提升到最高，讓所有客戶都能充分滿意。

根據公司統計，每培育一位新人，所投入的教育訓練費用平均高達25萬元。事實上，新人在生活上雖然沒有後顧之憂，但一天工時經常超過十小時，對體力與抗壓性都是很大的考驗，能撐過這六個月「築底期」的新人往往不到一半，但我們還是堅持自己培訓人才。

古往今來，許多實例證明，企業的興衰命脈繫於人才，人才訓練所費不貲，但如果不做，未來可能付出的代價（業績衰退）更高昂。

## 以長期培育人才爲目標

　　高額利益往往會誘發人性貪婪的弱點，甚至鋌而走險產生偏差行爲，對客戶及企業團隊的傷害更是難以估計。「信義房屋」將大多數的盈餘運用在教育訓練等長期投資上，其效果與發放獎金一樣，依舊是回饋在同仁身上。

　　我們提供比較高的保障底薪，讓同仁能溫飽無虞。在獎金部分，雖然只有百分之十二（其中還有百分之四是團體獎金），看似遠低於許多同業，但還有不少配套的獎金設計（年終獎金、久任獎金等），讓好人才願意留在「信義房屋」一起努力。

　　此外，在2008年金融海嘯引發全球失業潮之際，「信義房屋」秉持著「彎道加速」、「手心向下」的精神，逆向投入約 1 億 5 千萬元，成立「信義企業大學」，加速培育優秀人才。

　　「信義企業大學」架構分為：新秀學院、不動產學院、品質學院、管理學院、社會學院等五大學院，另輔以虛擬的數位學習環境——信義 e 學院，與實體的教室學習環境——信義學堂，各單位各司其職、共同運作，希望能打造一個設計完整且具階段性發展目標的信義人學習地圖，並與客戶、社區民眾及整體社會，分享良好的學習資源。

# 信義君子　企業典範人物

　　每個時代對「英雄」都有不同的註解，從而出現了形象各異的英雄典範，如中國秦朝與希臘時代的英雄典範，肯定是大相逕庭。

　　很自然地，每個企業也會有不同的英雄典範。「信義君子」是「信義房屋」的最高榮譽，一年只選出一到二人，有時還從缺，透過內、外客戶的全方位訪談加以評選，評選標準與業績沒有絕對關係，而是關乎於服務品質與態度。獲選者不僅代表了信義服務品質的極致表現，樹立了鞭策同仁不斷向前的標竿與楷模，同時也是信義精神的最佳代言人。

　　一旦獲選為「信義君子」，其巨幅人像照片會長期展示在信義集團的企業總部，不會更換、象徵「薪火相傳」之意，就像是「信義房屋」的「名人堂」一樣。從開始選拔至今已超過六十屆，但獲得這項殊榮者只有二十來人，顯見「信義君子」們的服務品質，確實令所有客戶印象深刻。

## 堅持財務「一套帳」

　　自1987年設立公司起，當時「信義房屋」只有兩家店，就堅持要委託知名會計師事務所 Deloitte ，建立會計制度及進行簽證。

　　2007年增聘獨立董事，人數超過三分之一，同年成立審計委

員會，由三位具財經會計、法律與管理專才的獨立董事組成，主要職責在監督公司，確認公司是否如實達成「財務報表之允當表達」、「簽證會計師之選（解）任及評估獨立性與績效」、「內部控管之有效實施」、「遵循相關法令及規則」，及「存在或潛在風險之控管」等目標。

2010年成立薪酬委員會，由三名獨立董事組成，主要職責包括「訂定並定期檢討董事及經理人之薪酬制度」、「訂定董事及經理人之薪資報酬」、「獎酬計畫之審議」，及「薪酬委員會組織規程修正建議」。

## 里仁爲美　社區一家

「信義房屋」從2004年起，就開始推動「社區一家」贊助計畫，規劃五年投入約１億元，至今已進入第二期。當年宣布時，曾獲得國內主流媒體以頭版頭規格報導。

「社區一家」的贊助緣由，是來自於2004年總統大選期間，政黨對立嚴重撕裂了台灣的族群融合與社會和諧，長期經營社區的「信義房屋」，希望能以社區為基本單位，在選舉激情結束後、修復看不見的衝突傷痕，提出以五年為一期、贊助金額約１億元的「社區一家」計畫，幫助大家實現對家、對社區的想望，重拾台灣社會互助互信的人情味與純樸民風。

2009年「社區一家」計畫進入第二期。性質也從第一期的「捕魚給社區吃」，進階到「教社區如何捕魚」。透過學者、第

一期已有活動經驗的社區、有特殊專長的信義同仁，共同來幫助及教導社區，如何用自己的力量幫助社區圓夢成長。

坦白說，「社區一家」計畫短期來看，對公司沒有明顯助益，對門市業績也沒有直接幫助；但這卻是一種讓社會更加肯定「信義房屋」的一種方式，同時也能提高同仁在「信義房屋」工作的榮譽感。

公司也在2007年成立「信義志工」，截至2012年9月為止，總服務人次8,319人次，服務時數達54,187小時。就企業而言，公益的純度愈高，感動人心的程度愈高。就同仁而言，同仁自願參與志工活動，不僅能更加精進同仁的服務心態，對企業長遠經營也具有正面效益。

再說得遠一點，如果「社區一家」能持續推動，在台灣社會中散布許多關懷的種子，就能將每個人的關心範圍，從自家客廳放大到公寓、到一棟大樓、到一條街道、到一個個的社區，最終能延伸到「台灣」這個「大社區」。

企業無法脫離社會環境而單獨存在，如果我們能以企業做為起點出發，透過持續不斷的努力，讓整體社會呈現多面向的美好，企業經營環境自然會隨之升級，台灣整體競爭力的提高也將指日可待，我真心期待這種「善的循環」，能在不久後的台灣發生。

「信義房屋」不僅在台灣散布公益種子，2007年我們也在中國大陸發起認養「信義珍珠班」的活動，由基金會與當地同仁贊助經費，幫助成績優秀、卻無力就學的寒門子弟，讓他們能獲得

繼續就學的機會。我們提供三年、共37萬5千元人民幣的經費，幫助五十名品學兼優卻家境貧困的孩子，免費完成高中學業。

## 企業倫理教育扎根計畫

從2001年美國能源集團恩隆（Enron）案爆發後，「企業倫理」成為相關業界與管理學界的討論主流。無獨有偶，2008年由美國華爾街引爆的金融海嘯、中國大陸三鹿集團的毒奶粉事件，在在都使得各界重新檢視、並進一步體認「企業倫理」的重要性。

也因此，「信義房屋」早在2004年，就開始推動「企業倫理教育扎根計畫」，贊助各大專院校推廣企業倫理教育，希望從校園紮根、推廣正確觀念。2009年更成立「中華企業倫理教育協進會」，透過舉辦各項研討會與相關活動，來提升社會對「企業倫理」的關注與重視。

2012年，我們更進一步與政大商學院攜手創設，以發揚「企業倫理」為中心思想的「信義書院」，期盼以政大商學院的商、管專業，輔以信義書院的倫理教育，培養術德兼備的未來經營管理人才。

「信義書院」聚焦於四大領域：「信義企業倫理講座」、「企業倫理研究發展中心」、「MBA學程倫理教育」，及「信義不動產研究發展中心」。十分榮幸，能夠邀請到蕭（萬長）前副總統，擔任書院首屆「信義企業倫理講座」的主持人，以卸任

副元首的高度，來彰顯企業倫理的舉足輕重。

　　未來，希望能夠透過「信義書院」的拋磚引玉，積極喚起社會各界對倫理教育的重視與關注，以儒家思想的古老智慧，有效紓緩西方功利主義對現代社會造成的動盪不安。

## 新新儒家　與時俱進

　　最後，回到一開始所提到的《孟子·梁惠王》孟子回應的後半段。「王曰：『何以利吾國』？大夫曰：『何以利吾家』？士庶人曰：『何以利吾身』？上下交征利而國危矣。」

　　儒家並非只講仁義、不知興利，集儒家思想之大成的宋朝理學大家——朱熹，在《孟子集注》中剖析，君子不言利，並非完全不想利，只是不唯利是圖而已。

　　孟子回答梁惠王之所以如此堅決，是因為當時的人多半短視近利，不知世上有「仁、義」二字，所以要拔本塞源而救其弊，此聖賢之心也。一言以蔽之，儒家思想講究的是「先義後利」、「以義制利」、「欲致功利、須行仁義」。

　　若國家或企業組織內的人都能著眼仁義，就會從宏觀角度來看待事情、關照全局，唯有如此，國家和企業才有進步成長的空間。因此，我試圖把孟子的答案，改寫為「王曰：『何以利天下』？大夫曰：『何以利吾國』？士庶人曰：『何以利吾家』？」，則「上下不交征利而國盛矣！」

　　可以想見，在歷經對西方功利主義思潮的反覆辯證後，後金

融海嘯時代，流傳超過兩千年的儒家學說，可望以「新新儒家」的面貌，因時制宜、與時俱進，不僅應用在企業經營管理之上，也能有效提升企業的文化認知，營造一個以五倫——仁、義、禮、智、信為本的和諧社會，如此，更能完善企業營運的投資環境，從而建構一個善的循環、生生不息。

**信義房屋得獎紀錄：**

■ 2005年獲台灣「行政院勞委會第一屆人力創新獎」

■ 2009年再獲台灣「行政院勞委會第五屆人力創新獎」

■ 2005年獲「國家品質獎」企業獎

■ 2007年獲「國家品質獎」實踐類個人獎

■ 連續十八年《管理雜誌》「消費者心目中理想品牌調查」房仲業第一名

■ 連續七年《天下雜誌》「天下企業公民獎」

■ 連續七年《遠見雜誌》「企業社會責任獎」

■ 連續六年《康健雜誌》「健康品牌大調查」房仲業第一名

■ 連續十七年《天下雜誌》「五百大服務業」房仲業不動產經紀類第一名

**中國信義歷年得獎紀錄：**

■ 上海信義十度榮獲房地產仲介企業「金橋獎」

■ 三度榮獲上海最具影響力特許品牌及上海房地產關注商

標（品牌）

- 三度榮獲上海優秀服務商標
- 2006年蘇州市房地產經紀行銷代理企業綜合實力「十強」第一名
- 2006年蘇州市經紀企業納稅金融第一名
- 2007年獲得北京市存量房仲介服務機構2007年度一級單位
- 2009年獲得由浙江日報社、中國品質誠信企業協會共同頒發的「浙江省公眾滿意品質誠信雙優單位」稱號
- 2011年上海信義獲得中國房地產誠信企業
- 2011年北京信義榮獲中國房地產經紀行業先鋒榜樣單位
- 2012年上海信義榮獲「四星級誠信創建單位」稱號，是上海首個擁有該稱號的房產仲介企業

【第三篇 社會企業與王道文化之實踐】

# 第六章　社會企業與王道文化的實踐：微型社會企業的發展

王秉鈞

元智大學資訊管理學系副教授

## 一、王道之新義

　　中華文化總會近年來致力於推動王道文化的思想與實踐，在國內外舉辦了不少場學術研討會，欲從不同的角度探討王道文化的內涵與實踐方法。研討會從公義社會（2011）、社會創新與永續發展（2012）、企業經營（施振榮，2012）、與經濟制度（劉遵義與殷壽鏞，2012）等方面都有深入的討論。一般而言，這些論文對於中華文化中之王道文化的意義說法非常一致，不外乎孟子所提出之「以力假仁者霸，以德行仁者王」，或更早出現在《尚書‧洪範》以相對於霸道之方法指出王道的內容，因而認為王道文化的核心價值是分享而不獨占，從不忍人之心，到不忍人之政（黃俊傑，2011）。這樣的定義雖無爭議，但也缺乏新意，尤其在解釋現代政治與國際關係上面難免顯得八股而乏味。

　　目前的流行的說法似乎認為王道是中國所獨有，而西方的船堅砲利卻是霸道的當然代表。這樣的說法在積弱中國下的國父孫

中山先生亦有同樣的看法（黃俊傑，2011）。然而在此我要為**王道**提出一個新的定義，以反映其原先該有的意義。我以為所謂王道除了其不忍人之心之仁政外，其更有「**當前主流正在盛行之道**」之意。尤其西方的民主法治的觀念與制度，在全球近百年來流行之勢是沛然莫之能禦。當今世上無論資本主義或共產主義，無論基督、伊斯蘭教、或佛教信仰的國家，其組成與運作形式都以民主法制為其理想與典範。就算是少數極權國家（如北韓與敘利亞）仍執迷不悟，一昧地倒行逆施，在國內實行專制，但在其對內的宣傳，仍不免使用民主、法制為自己擦脂抹粉。從民主法制這樣普遍地受歡迎的表現可謂是王道。

其實，**王道不必無力或軟弱，有實力而行仁政者更是王道之成熟表現**，中國歷代聖王明君如漢武帝、唐太宗、清康熙正是明證。同理，西方英明的君主（伊莉莎白一世、彼得大帝）、總理（俾斯麥、邱吉爾）、總統（華盛頓、林肯）等身上亦有明顯的證據。再者，擁有強大武力並不必然是**霸道**，往往它是王道的先決條件。因為，若無實力是難行仁政的。當然，在王道之初有可能不具完備的實力，那時，道德勇氣或天地正氣或許是它的代表。如孔子的儒家哲學終其一生都未能有效在政治上實現，但無損其在華夏民族千秋之影響與成就。

最後值得再說明的是，**堅決的態度在未具實力、起義之初是王道，但在掌握實權、功成名就時這樣的態度卻是霸道的幫凶**。差別在於，對真理的不自居與對弱勢的尊重，所以，濟弱扶傾是仁政與王道的當然表現。若以最近台北政壇馬總統引述孟子「雖

千萬人吾往矣」以表明其對推動政治改革與公共油電漲價決心為例，時空的差別是重要的關鍵，此話若是馬在十年前以在野的身分提出與中國和平共存到互惠共榮的理想，而敢於面對當時執政黨之千百有力人士之所指，這會充分反映其道德勇氣與向艱難挑戰的決心，符合王道之初不畏權勢之擲地有聲的表現。但是，這是以總統身分面對民眾物價飛漲、薪資卻久久不漲的情況，還說得出雖千萬人吾往矣，如此就變成不知民間疾苦，與自己百姓為敵的獨夫！即使身為中華文化的名譽會長，其仍屬霸道的表現。

## 二、中華文化重視王道

吾人可從字面來看，「王道」在中華文化中之重要可見一斑。其屬於王者，具王者風範，理應受百姓之擁護與尊重，且應具有優先對待之優勢。王道這個詞普遍被用為正道、流行、趨勢的代名詞，如坊間流行的說法「環保才是王道」、「吃苦才是王道」、「執行力才是王道」等都是明證。當然王道不僅止於流行與趨勢，其更重正當性與正義感。以上是普遍為大多數人所接受的正確觀念與作法，這也就是前節所提出之定義——當前主流且盛行之道。

宏碁電腦集團的董事長施振榮先生曾以拆詞解釋的方法說明王道，他認為王道就是「為王之道」（2011）。他認為「為王之道，就要關懷『天下蒼生』，且這裡所指的天下蒼生是有範圍的，企業在自己所選定的範圍內，照顧其顧客、員工、股東、上

下游供應商、銀行及社會、自然環境等利益相關者（stakeholders）之利益，並且要兼顧所有利益相關者的平衡。」施是以企業經營者角度來看企業與其周邊的利害關係人的關係該如何，再反映到整個國家與其百姓及關係物之間的關係又應如何。這是企業社會責任的論述重點，也是現代企業經營必修之道。施強調仁者的風範與關懷所屬的態度。由此看來，這是在主流與趨勢之上再加了關懷、照顧、與恩惠的想法。企業能盡社會責任本是好事，有實力者多照顧他人本是天經地義。只是若過度強調仁政部分，在適用與發展上就會產生模糊與矛盾之處。王道變成僅具仁慈、照顧、與關懷，而喪失掌握主流發展趨勢的意義。

仔細來看，掌握趨勢才是重點，而濟弱扶傾應是具有優勢與能力（也就是成為王者）後的行事哲學。所以，王道不是做軟趴趴的濫好人，而是做掌握發展趨勢，擁有優勢資源，且心懷仁慈的執政者。中華文化之所以重視王道，就是重視成為王者對社會國家的掌握能力與未來成功的發展經營。

中華文化自古以來便是吸收各方文化精華，再加以發揚光大。由早期中原文化至華夏文化，錢穆便表示南北朝以後中國便不是純粹的華夏民族了（何平、陳國貫，2005）。中華文化歷經多次外來文化傳入的影響，第一次巨大影響發生在漢唐時佛教文化由西域胡人傳入，在明清時西洋文明由海外籍傳教士傳入。傳入的外來文化均經適應與轉型的過程而融入中華文化。其中不乏成為文化中的主流思想與價值觀念，如佛教中的「參禪」和「念佛」尋求生死之道，以及西洋基督教的天文、機械等科學觀念。

直到清末之時西方文明因現代科技發展而大幅躍進，而中華文明卻因故步自封與自滿守舊仍處於長期停滯，造成中華文化與西方文化巨大差距。中華文化第一次處於弱勢地位，在無效的奮鬥掙扎之後，於是乃有民國初年全盤西化的主張。至今在海峽兩岸仍可見西方文明全盤入侵且主宰政治、經濟、學術、文化、與社會制度現象，古代中華文化影響已降至最低。舉凡我們的食衣住行幾乎全是照單（西方文化）全收，我們的髮型、服飾、衣著、住家格局與形式、道路與交通工具和西方無異，可能只有飲食方式與內容仍保留原來的特色與風味。還好我們仍有文字與語言保留下來，以及建立在其上的文學與創作。若是按照民初五四運動的主張全盤西化。那我們還有什麼可以自豪呢？

最後，從社會發展整體而言，兩個具西方文化代表性卻相互矛盾的整體價值系統先後在歐洲出現，便是資本主義與共產主義，兩者又分別統治半個地球表面國家近五十至一百年。在他們擅場的時期兩者均可謂符合所謂王道標準的價值體系。

## 三、資本主義、共產主義在中國之王道時期

20世紀是人類文明蓬勃發展的時期，在19世紀末產業革命將人類物質文明推到另一個層次，其中最具體的表現便是現代國家與大都會的出現：英國倫敦、法國巴黎、美國紐約、日本東京、德國柏林、俄羅斯莫斯科、中國上海等。除了實體建設發展外，社會制度的設計與實踐在20世紀也有充分的發展。產業革命讓資

本家興起，資本主義觀念在英國社會與思想界逐漸成形。亞當·斯密的《國富論》開啟資本主義超過兩百年擅場的時代。工業革命對基層勞工與社會階級生活與發展嚴重負面影響，使得許多社會學者與思想家開始思考與建構社會主義想法。其中馬克思與恩格斯所提出的共產主義影響人類思想也有超過百年的歷史，而其成為實際執政與建國的理想自1917年蘇聯革命成功至今，亦有近百年的歷史。

回顧歷史，中華文化在20世紀正好分別受資本主義與共產主義的影響，19世紀起西方列強與日本便覬覦中國豐富的資源（絲綢、茶、瓷器）與無法平衡的貿易出超，於是藉由幾場戰爭打破了中國的門戶，徹底擊潰中國長久建立的信心，也逐漸將在背後支持霸權的資本主義觀念與主張灌輸於中國。中國原先平靜、大一統、與超穩定（金觀濤，1992）的生活被資本主義的掠奪嚴重破壞，資本主義所代表的理論與實踐亦深深的烙印在受害的各階層人民身上。

自清末起中華文化便視西方資本主義下的政治、經濟、社會、教育各方面的主張為王道，努力吸收並不惜放棄原有的主張與價值觀念。大量留學生與社會人士絡繹不絕於向西方學習之道途，國內政治、經濟、與社會制度亦開始百年的改造。吾人推翻幾千年的君主制度，採取民主共和制度，台灣花了五十年才稍微了解以投票決定重要政策與首長的民主制度；其次市場經濟、社會、與教育制度的建立，在過程中也逐漸接受資本主義的價值觀與想法，雖然它與傳統的價值觀和作法有很大的差距。中國傳統

上重視家族、團體、人情關係、自然和諧，長期發展的觀念在新系統下被忽視與拋棄。但是，這些觀念已是根深柢固的長在長久累積的文化底層，不是短時間內可以輕易更改的。在台灣今天仍可以發現正式制度無法解決的家族共生關係，例如：我們的法律僅針對個人，但涉案卻擴及家族，以至於一人頂罪但家人逍遙的場景層出不窮。

中國在19世紀初也接觸共產主義的主張，這個由批判資本主義而衍生的思想在中國的發展超出預期。因為當時的中國是十足的農業社會，既無發達的工業資本，亦無與資本家對立的勞動群眾，僅有依賴土地為生的大量農民。由於連年內外的戰爭，農民被拉夫進軍隊者眾，農村耕作難以為繼，加上新創的民主制度仍在嘗試錯誤的階段，民國成立後三十六年才通過正式的憲法，非常可惜這部憲法並未施行便因國內戰爭而告凍結。直到1987年（距成立又經四十年）國民政府在台灣結束戒嚴後，才認真考慮憲法的內容與實施。中國共產黨在此期間內便以共產社會的理想號召農民起義，因抗日戰爭而避免國民政府的圍剿，二次世界戰爭後，在東北由蘇聯手中接收了日本關東軍的資源，由此自北而南統治了全中國。

對中國共產黨而言，這本是實現共產主義理想的大好機會，這是所謂的王道。共產主義的社會思想與集體主義和中國傳統家族主義有共同的部分，但是，共產的基礎在個人而非家族，又與中國傳統家族主義衝突。1949年後在中國大陸推行了人民公社與生產大躍進等核心共產政策，但是毫無成效。以毛澤東為首的統

治集團為了延續統治而進行一連串的階級鬥爭活動，撕裂了社會也毀滅了人民對共產社會的期望。到1966年文化大革命，共產主義對中華文化展開全面的剷除行動。最後，十年的革命鬥爭並未成功，其原因在文化革命是藉口，政治奪權鬥爭是實質。中華文化並未被剷除，反倒共產主義的信仰卻全面破產。所（不）幸當時二戰後，世界各國處於休生養息階段，美國捲入越戰泥淖，台灣無力自行發動反攻戰爭，只有推動內部十大建設。

## 四、兩主義之崩盤時刻

1991年12月26日蘇聯最高蘇維埃通過決議宣布蘇聯停止存在，維基百科（2012）提出蘇聯解體的原因如後：「在蘇聯時期，發達的重工業和長期軍備競賽雖然拉動了國內生產總值，掩蓋了人民生活水平一直欠佳的現象，但是這不符合人民的利益，也導致蘇聯人民不滿。其次，高度集中的政治體制缺乏民主，幹部階層不可避免日益官僚主義化，號稱代表人民利益的黨的幹部群體，逐漸蛻變為一個與人民對立的特權階層。當群眾日益感受到特權階層與自身利益的根本背道而馳時，這種政治體制的衰敗和瓦解也就不可避免。」嚴格說來這對於共產主義的發展而言是重要的里程碑，自此許多共產國家紛紛改變政體（如立陶宛、愛沙尼亞、烏克蘭、喬治亞、俄羅斯、波蘭），統治的共產黨不再執政，領導人下台或下獄，甚至被暴動所殺害（如捷克）。東德甚至被併入西德，不再存在。共產主義至此可謂失敗破產，其主

張不再是社會中的主流思想。而西方世界則有戰勝共產主義的感覺，從此以後資本主義是王道，是各國應予尊重的價值觀念。

那知「2007年~2012年發生環球金融危機，又稱世界金融危機、次貸危機、信用危機，更於2008年起名為金融海嘯及華爾街海嘯等，英國稱其為信貸緊縮，是一場在2007年8月9日開始浮現的金融危機。自次級房屋信貸危機爆發後，投資者開始對抵押證券的價值失去信心，引發流動性危機。即使多國中央銀行多次向金融市場注入巨額資金，也無法阻止這場金融危機的爆發。直到2008年9月，這場金融危機開始失控，並導致多間相當大型的金融機構倒閉或被政府接管」（維基百科，2012）。如今全世界仍在金融風暴的吹襲下風雨飄搖，美國總統歐巴馬在金融危機最高點入主白宮，至今仍無法有效掌握美國經濟全局，以致連任之路走得艱辛。而其處理政策亦有不少批評聲音，認為讓罪魁禍首華爾街全身而退，在短期內重返賺錢之道，而其他社會各階層仍飽受其害，許多人失業且負債累累（謝德宗，2009）。

經濟學家熊彼得（Schumpeter, 1942）對資本主義、社會主義與民主的討論已是經典，熊彼得同情馬克思的理論，並認為資本主義會因成功而讓位於社會主義，但其並非以馬克思的理論發展方式而發生的。熊彼得引用所謂的創造性毀滅（creative destruction）的觀念，但用於企業家對社會的貢獻。他認為在企業家的創新貢獻逐漸式微時就是社會主義接手之時，而在此之前資本主義仍對社會進步的貢獻大於損害。這也為資本主義繼續存在埋下伏筆，即只要企業家對社會持續有新的貢獻（如Apple的

iPhone, iPad），那資本主義就有繼續存在的理由。

　　由於資本主義的信念在美國根深柢固，以至於在面臨經濟危機時，只想到紓困有問題的企業與搶救各種金融機構，而忽略了這是用全民的錢來拯救金融圈的投機份子。這些人平常在別人欠他錢時的手段與態度是完全不一樣的，那為何政府要採取這樣的作法呢？我想是美國政府在資本主義的思維中毫無警覺而陷入一無可避免的錯誤之中。假設當時歐巴馬總統有採用一點社會主義的思想，則今日美國的經濟可能改觀，失業的人口可能減少，因為可有更多的資金投入社會建設之中。2011年華爾街頭出現抗議華爾街的為富不仁的行為，更抗議政府為何將全民的錢拯救華爾街這些金錢遊戲搞垮金融的人們，而任憑大家受苦。於是有占領華爾街的行動。至此，資本主義不再是王道，那麼何者是呢？

## 五、社會企業之王道機會

　　英國社會學家紀登斯（Giddens, 1998）曾影響工黨領袖布萊爾以「第三條道路」作出競選口號，使工黨在野十八年後終於在1997年贏得了大選重新執政。當時造成世界各國一陣旋風，視他為體現「第三條道路」理念的倡導者。布萊爾認為傳統左派主打國家統治和高稅率，新右派主打個人主義和市場決定論，否定社會團結，「第三條路」包含「大膽的民營化」和「降低社會福利標準」，被批評是「左派右傾」。所謂第三條道路亦稱為第三種道路或新中間路線（Third Way / Middle Way），是試圖走在資本

主義和社會主義中間的政治經濟理念。它是由民主社會的中間派（centrism）所倡導屬中間偏左的政治立場，其中心思維認為任何極端不會是好的，所以既不主張純粹的自由市場，亦不主張完全的高福利社會，而可稱之為奉行中庸之道（維基百科，2012）。第三條路指那些試圖妥協左翼與右翼政治，而主張融合右翼經濟政策與左翼社會政策的政治主張。第三條路被一些社會民主（social democratic）與社會自由（social liberal）行動所支持。他們認為他們對第三條路的支持屬於他們原意的一部分，他們希望為社會主義（socialism）建立全新的現代社會民主形式，同時否決國家社會主義（state socialism）。

在台灣陳水扁於2000年大選前訪問紀登斯並受其邀請在倫敦政經學院發表演說，而演講內容便提到台灣進行所謂的第三條路的想法。其實以民進黨的立場（社服、左傾、反中），與當時世界潮流而言，2000年的台灣政權首度和平轉移或許可以推動島內第三條路的實踐。可惜的是2000年的民進黨並未得到國會的過半而僅想以相對多數的總統勝利壟斷行政權，造成四年政壇的角力而無法有所改革。第二任的總統任期更在選舉公平與貪污醜聞中度過。第三條路從來未在台灣規劃或實行過。

照理講國父孫中山的三民主義應是典型的第三條路，因為它就是中庸之道，擷取各家之長用於中國國計民生之發展。在民生主義中有發達國家資本，也有節制私人資本，平均地權，振興實業等具體主張。可惜的是，民國建立後連年的戰爭使得這套思想與主張從來沒有機會實施，也就無從表現其優秀與否。而至於台

灣國民政府近六十年來的執政，雖然號稱實施三民主義，欲建設台灣成為三民主義的模範省，其中近四十年的戒嚴對民族與民權主義的推動應無太大幫助。在民生主義之經濟發展與發達國家資本方面，平均地權在接管之初比較有效，因為一方面執政者沒有包袱，另一方面國家當時相對擁有較多的資源。但是，在1980年代以後隨經濟起飛，都市土地需求大增，因供給有限使得土地價格飛漲，而三民主義主張的漲價歸公政策在此關鍵時刻卻無法再有效推動。民生方面政府的政策反而傾向資本主義的作法。

至於國營事業部分，台灣早期拜接收日本經營且留下的產業之賜，擁有台糖、台電、台鹽、台肥、台鐵、菸酒公賣局、郵局、電信局等公營企業，再加上後來因需要而成立的中油、中鋼、中船等公司，這些公營事業擁有市場獨占能力且具備企業運作的知識與設備，如此在市場上賺取大量的利潤。但是隨時間改變，這些國營企業逐漸發現有海內外民間的新公司欲加入這豐富的市場，市場因而更具競爭，因此行銷的知識與手法變得非常重要。而公營事業常因過去擁有獨占的優勢而不預做安排，掌握變化，公司賺的利潤一向是直接入國庫，而員工的獎勵十分有限，有時即使是虧損，公司主管位置仍穩如泰山，年度工作獎金照領。因此，即使是有企管經驗者仍是無法有效解決公營事業的問題。

吾人能說第三條路是王道嗎？或三民主義是王道嗎？其實二者在前面的分析中都有模糊與難施行的問題。英國工黨執政後，在1998年成立的倫敦社會企業（Social Enterprise London）的組織

或許是較具體的嘗試。倫敦社會企業聯盟是社會企業的先行者，聯盟內有不少成功的社會企業。聯盟規章（2002）認為社會企業係指一種全新的企業典範變革，由非營利組織運作，產生實現使命的資本，並有永續及企業經營的精神。在其下公司有三種形式：股份有限公司（company limited by shares）、保證有限公司（company limited by guarantee），以及社區利益公司（community interest company）。由此看來，古老的合作社就屬於第三種形式。在倫敦社會企業聯盟下有不少社會企業，有名的例子如傑米奧利佛餐廳（Jamie Oliver's Fifteen Restaurant），它訓練殘障人進入餐飲業。Hill Holt Wood 是有關環保的社會企業；Central Surrey Health提供社區照顧及醫療服務；Divine Chocolate 提供英國及海外公平交易的物品。尚有一個教育企業名為新典學公司（New Model School Company），它在2007年因運用企業智慧解決公民及社會問題而獲得國際知名獎項（Templeton Award for Social Entrepreneurship）。它也在全英經營十四所補校為偏鄉學童提供英文與數學課程。在2012年的倫敦奧運及殘奧會中，倫敦社會企業聯盟亦扮演在政府及私人企業間第三部門舉足輕重的角色。

根據OECD（2009）對社會企業（Social Enterprises）的定義，「社會企業係指有助於勞動市場的整合、社會包容、與經濟發展且滿足社會與經濟目標的創新商業模式。」（Social enterprises are generally understood as an innovative business model that meets both social and economic objectives contributing to labour market integration, social inclusion and economic development.）社會企業乃是橫跨公共與私有部門間新關的空間，以企業的方法將弱勢團體重新整合至勞動市場，並提供商品或勞務以完成其經濟與社會之目標。由定義來看，社會企業乃符合第三條路的理想，同時追求社會與經濟利益，讓組織不至於過度追求金錢而違反大眾利益，也不會因為追求社會利益而不計成本與效益，可謂在同一營運中滿足社會與經濟的目的。從表面上來看，這實在是集兩家主義之優點於一身，真乃王道也。

以台灣當前環境應如何推動社會企業呢？可分兩個部分，**一是民間各非營利組織可以考量將目前手邊進行的工作企業化**，增加企業管理的觀念，使得相關的活動可以符合經濟成本的要求，加上適當的行銷設計，可以為組織爭取更多的資源，因而使組織原有的財務狀況更加穩健，可以自立自強。如陽光基金會的庇護工場——陽光汽車美容中心、喜憨兒社會福利基金會的烘焙屋與便利商店等，都是台灣目前經營有成的社會企業。**另一方面可以將公營事業轉型為社會企業**，依現行公營企業的營運形式仍多半以企業形式經營，其盈餘多依其章程繳回國庫。廣義來說，是公民享受國營事業的經營成果。但是，畢竟繳庫與事業體的關係顯得微薄。**若能明確在事業體的組織章程中明訂盈餘回饋的用途，如此使得事業體的社會性增強**，可以使其員工更具一份使命感與奮鬥目標。

另外，社會企業的公益部分還可以成為吸引市場注意的原因，顧客可以因為支持公益的原因而選擇購買它的產品或服務。

社會企業支持公益服務亦可以得到穩定的財務來源。最後，這樣的行為亦使得公益原因形成另一種市場交易的標的，顧客的選擇等同對公益的支持。愈多的支持即代表愈多民意，這直接的給予有時比經由官員們在冷氣房中所做的決定更直接更有效率。Robinson, Irmak, and Jayachandran（2012）的研究指出，當消費者有能力選擇他所支持的產品與公益原因的結合時，他們的購買意願會相對的提高。

## 六、微型？還有何者不是從微型開始的呢？

微型信貸（microfinance）可追溯至1970年代中期，穆罕默德‧尤努斯（Muhammad Yunus）在孟加拉拜訪一個飢荒的鄉村時，發現四十二名婦女沒有錢償還高利貸借款以致生活艱困。而她們所積欠的總金額僅是美金27元，他立刻拿出錢贈與這些婦女。讓她們不但還清借款，還可以製作小東西販賣。尤努斯發現小額貸款對窮人幫助很大，不僅消除高利貸的負擔，也能提高他們的謀生能力。

1976年他在孟加拉成立提供小額貸款的鄉村銀行（Grameen Bank），至2008年已提供超過美金76億元的貸款給當地人們。微型信貸的創新模式在全世界造成極大的迴響，成為社會企業的先驅，尤努斯更於2006年得到諾貝爾和平獎的肯定。

社會企業發展至今，關注範圍已經從原本的微型信貸，擴展到更多的社會議題，例如教育機會、兒童健康、住家、水資源、

氣候變遷等。現在，全世界各地有很多社會創業家，以創新的商業模式在改善社會。企業的創始幾乎均自小規模（微型）開始，除非是大公司的水平多角化發展，或是連鎖店的推展才會有大規模的分殖現象。而微型信貸本身並不微型，在2006年時鄉村銀行已有2,100個分行，資金規模美金76億亦不可再稱為小銀行。另外，向鄉村銀行申請信貸的雖是微型企業，但並非社會企業，所以，要知道微型企業並非流行，亦非王道。

當然台灣近年來亦有多家社會企業成立，其型態多為微型實非其所願，乃不得已也。若有充足資金，他們何嘗不想運用更多的人力與物力使所經營的項目更早達到成熟穩當的地步。台灣第一家以社會企業為名登記的光原社會企業，它的前身是2008年初獲得若水國際社會企業創業大賽的曙光計畫團隊（楊銘賢等，2009），當年9月19日在輔大淨心堂舉行成立感恩茶會暨記者招待會。但是他們並未獲得創業大賽獎金與相關企業投資，是由三位創業者自行湊足250萬元而成立。如此寒微實非得已，但三位年輕人的熱情與對原住民原鄉開發的理想與願景，讓他們以微型企業的型式開始。希望未來能見社會企業在台灣不再與微型企業不可分離，而有朝一日更名列百大企業，甚至前十大企業之列。

## 七、結論

從王道文化的觀點來看，社會企業的確有一個承先啟後、繼往開來的歷史任務。而對於中國大陸這個受共產主義統治五十年

的國家而言，資本主義的道路不見得正確，而今卻一步步地邁向歐美的後塵。但是，自然環境與資源卻急速地耗竭，若仍以西方的資本主義方式發展，人類社會必然面臨更大的浩劫！因此，若能採取社會企業的營運方式，讓全民都能享受物質文明進步的成果，或許這是人類文明的下一個出路。西方社會短時間內或許難以接受如此尖銳的改變，但是，中華民族在歷經資本與共產主義實行的經驗後，或許可以領先繳出全面實施社會企業經濟的成績單。

其次，再看美國社會雖以資本主義為其基本價值觀，但是以慈善為名的基金會組織也是營運得非常蓬勃，微軟創辦人比爾‧蓋茲便是將其心力與資金投入用其個人資金所成立的非營利組織（Bill and Melinda Fundation），從事對抗愛滋、小兒麻痺等慈善工作。其與早期大企業家如鋼鐵大王卡內基、石油大王洛克菲勒所分別成立的基金會都有平衡美國過度資本主義的色彩，也維持了美國社會另一種的社會主義平衡。這樣的分析結果讓人不禁想到，中國長久強調的中庸與平衡實有其深層的價值與意義。

# 參考書目

中華文化總會，「王道文化與公義社會」研討會，Nov 18，2011。

中華文化總會，「全球化時代的王道文化、社會創新與永續發展」學術研討會，Mar 27，2012。

何平、陳國賁（2005），〈中外思想中的文化「雜交」觀念〉，《香港浸會大學林思齊東西學術交流研究所研究報告系列46》，2005.12。

金觀濤、劉青峰（1992），《興盛與危機：論中國社會超穩定結構》。香港：中文大學出版社。

施振榮，〈王道文化與企業經營〉，《工商時報》，Aug 30，2011。

施振榮，〈談經營與企業王道〉，《經濟日報》，Dec 28，2011。

維基百科，「蘇聯解體」，http://zh.wikipedia.org/wiki/%E8%98%87%E8%81%AF%E8%A7%A3%E9%AB%94

維基百科，「2007年~2012年環球金融危機」，http://zh.wikipedia.org/wiki/%E9%87%91%E8%9E%8D%E6%B5%B7%E5%98%AF

維基百科，「第三條道路」，http://zh.wikipedia.org/wiki/%E7%AC%AC%E4%B8%89%E7%A8%AE%E9%81%93%E8%B7%AF

楊銘賢、吳濟聰、蘇哲仁、高慈薏（2009），〈社會企業經營模式之建構〉，《創業管理研究》，2009年12月，4 (4)，頁57-83。

劉遵義、殷壽鏞（2012），〈王道文化與經濟制度〉，劉兆玄與李誠（主編），《王道文化與公義社會》。台北：中央大學出版中心與遠出版公司聯合出版。

謝德宗（2009），《金融海嘯各國財政政策之比較研究》，財團法人國

家政策研究基金會研究報告。

Giddens, Anthony (1998), *The Third Way: The Renewal of Social Democracy*. Polity.

OECD(1999), Social Enterprises. OECD.

Robinson, S. R., Irmak, C., & Jayachandran, S. (2012), "Choice of Cause in Cause-Related Marketing," *Journal of Marketing*, Vol. 76, July, pp. 126-139.

Schumpeter, J. A., (1942), *Capitalism, Socialism, and Democracy*. George Allen & Unwin, New York.

Social Enterprise London (2002), *Social Enterprise guide to health & social care for the elderly*. London: Social Enterprise London.

# 第七章　王道文化與工作整合型社會企業的發展

黃秉德

政治大學公共行政與企業管理教育中心副主任

　　人類社會自有可考據的歷史紀錄以來，追求公義的社會一直是各文明的普世價值。孟子與梁惠王三千年前的對話，道盡了歷代政權興衰的關鍵。為政者若不能施行仁政，他的統治是無法永續的。從21世紀通行的民主政治來看，仁政無非就是指施政成效是以人民的生活福祉來檢驗，而促進人民福祉在生命的安全以外，無非就是活潑的經濟與充足的福利。孟子解了梁惠王的疑惑，要國家壯大是靠「富民」而不是靠「強兵」。「富民」之本在於活化地方經濟，人民的生活如果做到連最弱勢的老人都能獲得奉養，那就非常不簡單了。若能這樣，孟子以為天下百姓就會用腳投票，自動移居梁國，梁國自然成為大國。所以對於企圖爭霸天下的君王，他建議以仁政為統治天下的策略，也是所謂的為王之道。

## 一、民主政治下的仁政是由全體社會成員所共構的

　　從21世紀的政局來看，國家之間的競爭與統合，比春秋戰國時期國家之間的互動，更為盤根錯節。從上世紀的民主與共產世界的鬥爭，延續至今的富強先進的國家與後進國家之間的競爭，

甚至是富足與貧窮的國家之間的平衡，已經不是三言兩語簡單的溝通尋求共識就可以善了。國家間競合的複雜度已難以釐清，因為國家不再是君主或總統就可以概括代表，企業與民間團體的活躍使得政府的主控性愈來愈不確定。在面對天災時，台灣企業與民間團體的動員力，可能比政府還要迅速；甚至於西方大型跨國經營的企業與民間保育團體的跨國聯盟，比政府還要活潑敏銳。近年來，WTO的全球政府間的會議，屢遭跨國串聯的民間團體抗議杯葛就是顯著的例證。國際間諸政府之間的協議是一回事，企業與民間團體的取向卻未必相同。因此，至今各個國家對於仁政的需求雖然殷切，國家內部的統合與國家間的競合，已經不是政治領導人可以片面決定的了。企業與民間的能量，也逐漸成為國家治理過程的重要推力。

春秋時代，人民期待君王止息征伐力行仁政，但手中無權，只能藉賢能之士進言。今日，一國是否追求行仁政之王道端賴人民與政府的共同努力，也就是民主政治的過程。孟子要再問的對象就不是梁惠王了，而是要問對社會的輿論與風向有影響力的人了，那不是問幾個有權力的人而已，而是要與整個社會去對話。整個社會有共識，仁政才會出現。就如同今日台灣面臨社會保險制度的崩盤，是需要政府、企業、勞團、社會被保人共體時艱，方能完成必要的改革，維繫可持續的社會安全制度。

## 二、追求公義社會的王道文化應該成為世界的主流

　　美國在國際舞台的表現是王道還是霸道？從前段論述的邏輯
來看，非美國總統的意志所繫，而是美國的政治結構、經濟制
度、商業行為、軍力、宗教、社會風氣所共構的。德國在歐洲是
王道還是霸道，那不是梅克爾總理可以單獨負責的，而是整個德
國社會的價值觀、社會制度、商業發展、科技資源的綜合對於歐
洲社會與經濟的影響。這個綜合體，姑且稱之為文明。在全球化
的舞台上，各個文明交會，相對的優勢與利害交錯，造成文明間
的相容與互斥，認同或仇恨也相應而生。

　　國家間的產業的競爭、資源的競爭以至於發生戰爭；文明間
的誤解以至於發生仇恨、對抗，都不是21世紀的國家與社會所追
求的。追求經濟的發展與福利的進步也就是所謂的仁政，已是普
世共同的價值觀。國家之間與文明之間的合作互惠，合乎國家與
人民長期的利益；反之，從事掠奪與戰爭的霸道行為來主張各自
的利益，引發的對抗，不但消耗自己的國力，也因失去他國的協
力，反而要單獨面對國家耗盡資源的風險，自然無法落實仁政。
所以國際社會的需求，反而是需要聯手共同促成各個國家資源環
境的穩定，方能在內政上追求公義的社會。

　　西方基督教國家與阿拉伯世界長期相互征伐與殖民的霸道歷
史，造成世局的不安，報復不斷。仇恨西方國家的中東或伊斯蘭
信仰的恐怖組織，認為在西方異教徒的文明下的人民無法脫離干
係，所以可以報復加害毫不足惜。如果這些國家可以共同追求王

道，不只是政府之間的協力，也能在社會與文化上更多的對話合作共同追求公義的社會，那麼長期以來文明的仇恨，可以隨時間逐漸消弭。

## 三、工作整合型的社會企業實現公義的社會

〈禮運大同篇〉的理想世界：老有所終、壯有所用、幼有所長，鰥寡孤獨廢疾者，皆有所養。中國先賢的理想世界曾經寄託於政權的擁有者去實現，而21世紀的今日各大洲在不同的社會制度下，有別於政府與企業，卻自民間的志願精神發展出來的社會企業（social enterprise），委身於建構理想的大同世界。

社會企業是晚近才興起的社會組織，但是已經吸引了全球的目光。關心社會發展的國家、企業、非營利組織，都在探索社會企業的可能性。現代國家過度追求資本主義的發展，加上全球化的推波助瀾，兩極化的國家與社會已經席捲了每一個經濟體，帶給人類的未來充滿了危機。國家已經無法有效的掌握社會的發展，當地球可能不再永續，兩極化社會的貧富差距所帶來的分裂，不再受國界限制的企業也不再受社會的信任，能夠融合社會使命與企業效率的社會企業，逐漸受到各國政府的重視，期許它是可能的解藥。

社會企業在歐洲與美國的發展已經有一定的歷史。顧名思義，它肩負社會使命來從事企業活動，它的商業行動的過程或成果，會讓特定的受益人（beneficiary），通常是弱勢族群，可以

得到幫助。台灣社會企業的發展歷史較短，大概不會超過二十年，但是與美國的社會企業一樣，大都是由非營利組織發展出來，通常為了提供工作機會給弱勢就業，或是為了籌措獨立的資金發展商業模式來支持公益使命，而從事營利（或收費）的生產事業或服務事業（Dees & Elias, 1998: 166）。

歐洲受到社會經濟的影響，長期以來的協會、合作社就是一個有別於政府與企業之外的第三部門，來協調政府與企業之間的失衡關係（Kerlin, 2006），加上互助會、基金會都會承擔社會企業的功能，以提供弱勢族群融入勞動市場為他們的公益目的，稱之為「工作整合型」的社會企業（Work Integration Social Enterprises, WISEs），成為歐洲推動就業市場的重要政策工具，並不如美國社會企業重視營業收入，創造社會價值才是最終目標。

## 四、台灣的工作整合型的社會企業典範

台灣社會企業的面貌是多元的，關心的社會議題差異很大。雖然勞委會裡有一個社會經濟辦公室，但是台灣的社會企業並沒有一個法律的定位。許多社會企業的規模甚小，可能只是提供一項勞務；有的社會企業雖然也是一個非營利組織，但是卻有上千人的規模，甚至有的社會企業本身就是一個公司法人。在這些多元面貌的下面，那個創業的動力，卻是出於志願對社會弱勢的關愛，也是歷代賢君所追求的仁心，也許是梁惠王無法想像的。這些社會企業家投入了社會，並沒有因行仁政而獲得天下，但是天

下有人因他們的投入，獲得生命的尊嚴與成就感。

## （一）里仁公司

　　里仁事業股份有限公司的創辦人認為台灣人未來可能會面臨餓死、毒死、戰死的威脅，而想到推廣有機農業能夠解決糧食問題，並進一步將三個威脅迎刃而解。1995年，創辦人在嘉義朴子農場灑下第一把有機種子，一心一意要推動台灣的有機農業，留給台灣一片淨土，而開始與農友合作生產有機作物。里仁的前身為了提供有心發展有機農業的農友一個銷售管道，從「誠信互助共同採購」的體系開始，主要共購的商品為沒有農藥與化肥的蔬果。因應著福智團體內部的需求，1997年第一家的合作廠商妙淨有限公司配合里仁的產品開發原則，不加不必要的食品添加物與盡量使用有機食材，開發了專賣給廣論學員的包子與饅頭。藉由這樣一點一滴從無到有建立起學員對理念的認同而使誠信商店穩定地發展，並於1998年成立了里仁公司。從業人員皆秉持著日常老和尚想把最好的事物留給大眾的理念，依此信念一一與合作廠商溝通，並透過實際作為支持農友的生活所需，慢慢地建立起信任的根基。

　　歷經了二十年的成長茁壯，里仁商店仍為了需要幫助的農友而持續努力著，對於里仁商店而言，衡量業績的基準不在於錢賺多少，而是從業人員藉由過程中所得到的心靈富足與成長。只是目標設定上並不是以銷售量設定業績，而是為了讓有機農友能夠

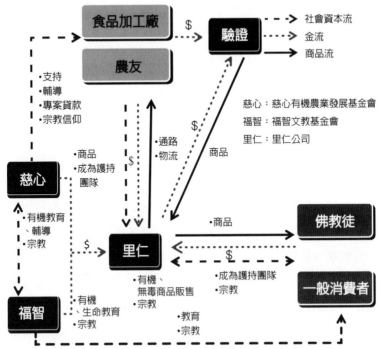

**集團內部綜效促進社會資本的累積進而降低交易成本**

**圖1：里仁公司營運模式**

持續種植有機蔬果，能有足夠收入維持生計，所以盡力將農友生產的農產品賣光。他們有明確的理念支持，形成他們的高度社會需求與自我實現動機，因此這樣的目標設定可行性相對於以數字績效要求來得高。

里仁公司的資本額為5,000萬（朱梓維，2010），全省有84間連鎖店，產品品項約有492項，其中有機產品占比約36%，其

他則為有機轉型期產品以及無食品添加物的健康食品。根據估計里仁零售店的月營業額約在100~150萬（朱梓維，2010），2010年與第一銀行聯名發行福智卡，目前已有一萬多名會員使用，創造2012年第一季福智文教基金會的會員捐款收入170萬（里仁網站，2010）。

## （二）彭婉如基金會

　　為紀念彭婉如女士遇害而成立的彭婉如基金會，作為一個基層婦運組織，一方面關心該採取何種途徑，實際的為婦女解除傳統照顧職責的束縛，確保女性對於照顧事務有選擇的自由，以及對自己生命及生活的掌握權，另一方面，也同時觀察到台灣社會出現中高齡婦女失業潮。當時台灣社會正面臨1996年起因產業結構轉型引發的第二波失業潮，此波結構性失業潮下的失業者多來自傳統製造業部門、藍領階級、低學歷、中小企業及受雇身分者，因此衝擊到許多藍領家庭，中高齡婦女為了分擔家計而有再就業的壓力，卻面臨教育程度與數位落差的困難。

　　這兩種婦女就業與再就業的困境，成為基金會實驗研發公共照顧模式的契機。透過照顧的專業化，基金會將兩種婦女分置在使用者端與提供者端，以女人幫助女人的方式，達到讓婦女充分就業，家庭得到照顧的理想。因此彭婉如基金會自1997年開始扎根社區、挖掘基層婦女的需求，進行照顧公共化的實驗與研發。其於1997年至2009年將近十二年間，發展了「社區照顧福利服務

支持系統」，陸續開發出保母、課後照顧人員、家事管理員、坐月子人員、照顧服務員、居家陪伴員等（女性）職業角色。

彭婉如基金會在一系列的職類發展上，特別關注勞動力商品化，以及階級剝削的議題。因此有計畫的在提供照顧服務工作之外，在勞動過程中以第三者角色介入原本「勞—雇」二元關係，建立對於工作定義、工作方式、薪資水準，以及跨階級合作概念等機制，並協助籌組工會，以將這群女性勞動者納入正式的社會安全體系中，破除了傳統二元福利體系下的性別區隔。在此操作原則下，將原本毫無保障的家務工作／非正式地下經濟工作，轉變為勞動市場的正式工作，並成功地發展出一套有效的脫貧就業模式，讓弱勢婦女得以脫貧翻身，並創造支持雙薪家庭照顧需求的社會價值。

彭婉如基金會方案執行的成效，可從就業成果及服務成果呈現，98年基金會99名的人力規模，服務了13,442個使用者（家庭）與4,719個提供者（婦女），相較於94年，服務人數增加2.5倍，而在不計算系統外就業者薪資、在宅保母薪資之情況下，彭婉如基金會團隊創造並運作的互助系統為婦女創造的年度薪資規模為9億元。過去四年來的成果證明此一低成本、高效能之非典型就業型態的成長與擴增實力，不容忽視。

## （三）財團法人脊髓損傷潛能發展中心

台灣約有23,000名脊髓損傷者，每年約新增1,200名傷者，且

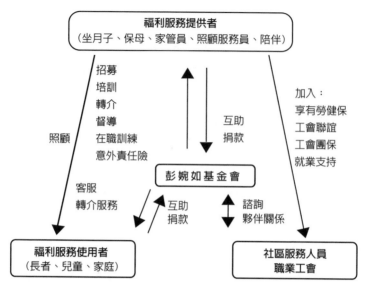

圖2：彭婉如基金會社區照顧福利服務互助系統操作模式圖

平均受傷年齡僅有27.3歲，受傷後約有92%以上必須終生倚靠輪椅行動。且傷者有五分之四為男性，在男性傷友中約有一半是為人父者，為家庭經濟的重心。絕大多數的傷者受傷後無法繼續原工作，需要轉換不同行業，若是缺乏相關機構進行生理和心理的輔導培育、教育訓練，是非常難再重返職場的。

　　為了能夠讓傷者自己打理相關生活、甚至自力更生、重返職場，除了基礎的醫院復健外，勢必需要提供適當的教育訓練。脊髓損傷潛能發展中心就是在這種前提下，由林進興先生與另外三位有同樣想法的傷友——蘇匡弼、李殿華和沈淑敏成立的，希望能夠幫助台灣兩萬多名的脊髓損傷者。1998~2008年之間，脊髓

損傷潛能發展中心陸續成立了三家外部的社會企業，希望讓傷者能在這些脊髓損傷潛能發展中心旗下的社會企業內工作，並且希望能夠通過社會企業的運行，甚至獲利，讓中心能獲得相關金錢援助，減少對於社會大眾的捐款依賴、更加自力更生、幫助更多需要幫助的傷者。這三家外部社會企業包括：

（1）「新生命資訊」：主要業務為文件設計製作、美工編輯、網站建置、程式設計、資料庫開發維護等。

（2）「通用無障礙」：是一家專門進口或自行設計研發、並建置無障礙空間的公司。營業項目包括無障礙廁所、輪椅斜坡止滑工程、輪椅升降設備、安養機構無障礙規劃、居家無障礙空間設計等。

（3）「菲亞國際」：為一輔具製作、代理或進口公司。每個身心障礙者都必須依賴許多的輔助器具，大者包括輪椅、扶手，小者包括氣墊座、尿袋等。

在這些社會企業中就業的傷者皆為在發展中心設立的新生命之家接受過訓練的學員。傷者在接受職業訓練後，可自己選擇是否就業、要向外就業還是到社會企業就業，除了看傷者本身意願外，旗下工作室和社會企業所需的能力不同，也會依傷者本身的性向和所學習的專業、企圖心來判斷雇用與否。

薪資福利部分，在社會企業中就職的傷者基本工資和在外就業的傷者相同，一定會符合勞基法規定的基本工資，並且再視本身能力不同、工作能力不同而薪資有所調整。但是福利的部分，因為三家社會企業都屬於草創時期，所以公司福利和一般傷者在

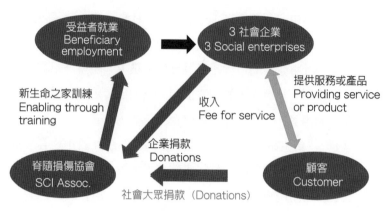

**圖3：脊髓損傷潛能發展中心經營模式**

外就業的大公司相比可能較不完善、也無法提供年終獎金，但是
對於傷者來說，因為他們還會獲得政府的相關補助，再加上工作
的所得，其實是可以自給自足的，截至目前尚無任何抱怨的情
形。

　　社會企業和一般營利組織不同，扣除薪資外的盈餘不會分配
給股東，而是進行再投資、回饋給潛能發展中心，或是資助其他
社會福利公益團體。但是因為三家社會企業目前都屬於草創時
期，有許多條件和困難還在克服當中，所以獲利部分都還尚待努
力。


## （四）喜憨兒基金會

　　喜憨兒基金會的服務對象包括15~50歲的唐氏症、腦性麻

痺、自閉症、行為與情緒異常等智能及多重障礙者。基金會執行董事蘇國禎先生表示，基金會的終極目標是以憨兒的「生、老、病、苦」為指標，希望提供憨兒一套完整的養護體系，從喘息服務、日間托育、夜間服務到全方位的照顧方案，同時，基金會也從庇護工場的經營出發，提供就業能力不足之心智障礙者一個長期性的就業支持。

基金會成立初期，政府補貼與私人捐款是收入的主要來源，約占85%~90%，當時十分依賴外界的補助和支持。但基金會憑著自力更生的理念，開始重新思考社會關懷對象的角色和價值，將無形的信念轉化為有形的產品，認為憨兒是一股被忽視的經濟力量，庇護工場中的憨兒絕對可以做得更多。因此，考量憨兒和事業的特性，基金會決定首先投入麵包事業，讓憨兒在基金會有一套完整的就業支持機制，而不需要依賴轉介外界的就業方案，喜憨兒基金會成為同領域中首創的產業化策略的典範。麵包既可做為主食、也可當副食，擁有生活的必需性與重複性，民眾在購買喜憨兒麵包時，不會增加財務負擔，又能兼顧愛心與公益。基金會設置兩個事業單位：

（1）喜憨兒烘焙屋與烘焙餐廳

烘焙屋販售麵包、蛋糕、飲品等為主要收入，也額外銷售月餅、喜餅、彌月、農產品和香草香料等，烘焙餐廳則除提供上述產品販售，也提供西式餐點、沙拉吧等，部分食材的前置準備由北、中、南三地的烘焙工場為中央廚房的角色，而憨兒則協助人員接待、產品陳列、外場送餐、收銀和清潔等服務。

（2）烘焙工場

主要為庇護工場角色，於台北、新竹和高雄設有三個烘焙工場，依身心障礙程度將工作區分為清潔、包裝作業及廚務助理，透過庇護工場的訓練，讓憨兒從拌粉、捏皮、出貨及配送都能參與，產品包括月餅、喜餅、茶會點心、麵包、餅乾和蛋糕等。自2012年3月已經通過「ISO22000」及「HACCP國際認證」的嚴格檢驗標準，把關食品品質與安全，成為全國首家獲此殊榮的庇護工場。

基金會庇護產品收入在2011年已達58.5%的總年度收入來源，經濟自主性十分明顯，已較不易受政府的補助和私人捐款等外在不可控制的變因影響。是故，基金會從過去絕大多數依賴非市場資源的補助金，轉變成獲取市場機制中的資源，以成本效益分析為評估工具，透過與政府、企業簽定契約，喜憨兒基金會實踐成為自負盈虧的社會企業。

至2011年底，針對受益人服務而言，喜憨兒基金會每年度在北、中、南全台的46個據點，平均接受服務的憨兒超過600位，歷年累計共服務4,300餘位憨兒，此外，加上基金會提供的各種服務內容，歷年累計的社會服務人次更高達1,648萬人次。

## 五、結論：孕育工作整合型社會企業的新王道文化

以上四個工作整合型的社會企業典範分別針對有機農業與農友的發展、特殊境遇的弱勢婦女的就業與雙生涯家庭的職業婦

女、脊髓損傷者的再就業、遲緩兒融入就業主流市場等重大的社會課題，以社會企業的商業模式提供了有效的解決方案。社會企業的模式是以志願主義的精神、公民自發參與社會建設的工作、透過商業營運提供工作的場所或就業的機會，使得原來政府無法滿足的社會需求，可以獲得滿足。

21世紀的王道文化應該要有新的內涵與角度，王道文化應成為所有握有資源與影響力的人應該要有的文化素養。以上四個社會企業的領導人都是能善用他們的智慧、專業、人脈、資源，關心社會的需求，也找到有效的方法對社會做出顯著的貢獻。他們的志願精神反映出現代公民社會下的王道文化，就是關懷社會參與公共事務。全球各地在邁入兩極化的社會之際，霸道文化可能會被急功近利者大量採用，志願主義與公民社會精神引導下的個人行為、企業行為、政府行為應該會是以人為本：有資源與能力的人會關心社會底層人的需要，營利企業會關注社會議題，執政者會關注社會的利益大於政黨的利益。這樣，大同世界是可以期待的。工作整合型的社會企業的成功，給了這個被霸道的世界一個希望，這個希望是一個新的王道文化文明的開始。

# 參考書目

朱梓維（2011），《有機農業經營模式之探討——以里仁有機商店供應
　　鏈為例》。屏東：國立屏東商業技術學院經營管理研究所碩士論文。

Dees, J. G., & Elias, Jann (1998), "The Challenges of Combing Social and
　　Commercial Enterprise," *Business Ethics Quarterly*, Vol. 8, No. 1, pp. 165-
　　178.

Kerlin, Janelle A. (2006), "Social Enterprise in the United States and Europe:
　　Understanding and Learning from the Differences," *International Journal of
　　Voluntary and Nonprofit Organizations*, Vol. 17, No. 33, pp. 246-262.

## 個案來源

林岱蓉（2012），《工作整合型社會企業的社會資本應用——財團法人
　　喜憨兒社會福利基金會》。台北：國立政治大學企業管理系碩士論
　　文。

吳宜蓉（2012），《社會企業的經營模式——以里仁事業股份有限公司
　　為例》。台北：國立政治大學企業管理系碩士論文。

黃秉德、王慧珠、王百芳（2012），〈跨部門共治的社會效能與動態的
　　夥伴關係——彭婉如基金會賦權婦女就業的啟發〉，審查中期刊論
　　文。

黃秉德、方寧（2012），《自給自足的輪椅超人——脊髓損傷潛能發展
　　中心》，未出版社會企業個案。

# 第八章　社會企業與王道文化的實踐：台灣與香港的比較

官有垣、王仕圖、陳錦棠*

## 一、導論

　　所謂王道，整體而言，即是一種強調仁義治理天下的政治主張。王道思想可以展現在政治態度和政策執行層面，孟子的仁政理想最終即指向「王道」，在其著述中闡明：「不違農時，穀不可勝食也；數罟不入洿池，魚鱉不可勝食也；斧斤以時入山林，材木不可勝用也。穀與魚鱉不可勝食，材木不可勝用，是使民養生喪死無憾也。養生喪死無憾，王道之始也。」（《孟子·梁惠王上》）而在政策執行層面上，政府政策勵行減輕人民負擔的措施，遵循大自然的規律，人人豐衣足食，死而無憾，這就是「王道」。孟子主張「在王道境界中，俊傑在位，賞罰分明，賦稅徭役適度，人民豐衣足食，則人民對國家也就出於內心的擁護，即『以德服人者，中心悅而誠服也』」（百度Bai du， 2012/11/09）。為了實現此一理想，孟子鼓勵人民依禮而行，請求統治者親近人民、愛護人民，此即為王道學說的基本主張。依據孟子

*官有垣，國立中正大學社會福利學系教授；王仕圖，國立屏東科技大學社會工作學系副教授；陳錦棠，香港理工大學應用社會科學系副教授。

思想，政府推動符合社會與人民需求的政策，即為「王道」，故在社會企業的範疇中，紓緩貧窮、身心障礙者就業服務與失業者的就業支持等政策即為「王道」的具體實踐。

社會企業（social enterprise）在台灣與香港的發展迄今已有十餘年的光景，儘管社會企業現時在本質上仍然不是以一個法律實體的地位存在，但「社會企業」這個詞彙卻已在兩地社會公共領域中引發廣泛討論。社會主流論述中，社會企業的目的主要包括創造就業及創造與就業相關的培訓機會，尤其對於處於近貧、弱勢、身障等所謂「邊緣性群體」（marginalized people）的協助扮演了重要的角色。從90年代以來，歐陸的福利國家在社會照顧的政策推動轉向為「去機構化」（deinstitutionalization），強調社區照顧以及在政策設計上驅使社會接納更多弱勢群體進入勞動力市場，以有薪給的訓練及各式的短期或長期就業來克服社會排除的現象。這種福利參與模式發揮的功能，不僅僅是對於這些邊緣性群體的所得與物資獲得有所提升，更增強了其社會經驗與自信心、工作技術的培養，被主流社會認同與接納等。

再者，不管是歐美國家、台灣或香港，近十幾年來的失業問題一直是各方所關切的議題。根據致貧因素的研究可以得知，失業是民眾落入貧窮困境的重要因素，當家庭中的主要經濟負擔者失業，其家庭即面臨生活開銷短缺的問題，成為落入貧窮的高風險家庭。而且，以當代社會的觀察可以了解，個人的失業問題並非完全是其個人因素所造成，許多結構性因素，如經濟景氣低落、全球化造成的產業外移等，是導致非自願性失業的重要原因

（賴兩陽，2004）。故即使個人有強烈的工作動機，工作機會卻是遠離了失業者所居住的區域。對此一現象，創造就業機會、訓練失業者獲得新的工作技能，便成為政府與其他部門關切的議題。雖然政府有常態性就業服務與技能訓練的運作系統，然而，若市場就業人力的需求不足時，縱然有新的技能，仍無法獲得良好的工作職缺，基於這樣的限制，政府釋出資源，鼓勵非營利組織雇用此類頻臨貧窮邊緣的人口，形成了公私合作的新模式。

本文作者從2005年開始從事台港兩地社會企業相關議題的比較研究，分別於2006年與2010年進行兩次全台與全港的調查研究，該研究聚焦於探索台灣與香港社會企業的組織特質與運作的異同，認為香港和台灣雖然同為華人社會，但各自身處的政經結構、文化脈絡和社會環境卻有差異，二地社會企業呈現的特徵和功能應有所區別；兩地的社會企業組織在運作、管理、法規等許多方面具有哪些相似與相異之處。探索這些問題，對釐清和豐富兩地社會企業的概念，發展社會企業的理論與實踐模式大有裨益。本文是根據過去幾年作者對台港社會企業研究的實證資料，初步分析社會企業針對其所服務的弱勢群體在就業促進與貧窮紓緩上所扮演的角色與實質發揮的功能。

## 二、歐美社會企業與貧窮紓緩及就業促進之研究

歐洲社會企業的研究社群EMES推動的第一個研究，即嘗試初步提出一項社會企業的理論：亦即，從「理念型」的觀點著

手，社會企業可被視為是一種「多重目標、多元利害關係人、以及多樣資源來源的事業組織」（multiple-goal, multi-stakeholder and multiple-resource enterprise）。雖然理論呈現的特質仍有待更多研究的檢證，然而他們已為未來的研究鋪好一條可行的道路。EMES在2001年開展另一項重要的研究計畫，即透過比較分析歐陸國家的社會企業，以對上述假設作更深入的分析。此研究計畫的全名"The Socio-Economic Performance of Social Enterprises in the Field of Integration by Work"，縮寫為PERSE，研究重點為工作整合型社會企業的表現，該計畫是由歐盟委員會的第五屆「骨架計畫」（5th Framework Programme）項下贊助研究經費，而由十二個歐陸國家從2001年至2004年期間執行（Defourny and Nyssens, 2006: 9-13）。雖然社會企業在各種不同領域中均相當活躍，包含了個人社會服務、都市再造、環境服務，以及其他公共財貨或服務的提供，但研究者決定聚焦於「工作整合型社會企業」（WISE）的探討，因為如此可以進行十分有意義的跨國比較與統計分析。在此基礎下，研究者可歸納出現存不同類別的WISE型社會企業，他們有的是以提供在職訓練服務為主，有的則是專注於整合低技術與弱勢者進入勞動力市場的服務（Nyssens, 2006）。

　　另一項相關的研究是在2000年代中期，由聯合國計畫開發總署（United Nations Development Programme, UNDP）與EMES歐洲研究網絡合作執行的研究計畫「社會企業：貧窮紓緩與就業促進的新模式」（Social Enterprise: A New Model for Poverty Reduction and Employment Generation）。該研究乃針對東歐及獨立國協的十五個會員國為標的，探討社會企業（尤其是WISE）的概念、功能與實踐情形，特別著重於檢視這類組織對於這十五個國家的社會發展與就業促進產生的作用，以及實際發揮了哪些影響力，並進一步了解這類組織在這些國家中所處的法律地位，以及政府相關的公共政策如何形塑這類組織的發展（EMES and UNDP, 2008）。

若論及歐陸的社會企業，其財貨或服務的生產本身就是一種追求社會使命的過程。換言之，經濟活動的本質是與社會使命緊密地連結在一起，亦即，假使追求的目標是為弱勢團體創造就業，那麼生產的過程中就要將這些低技術、弱勢者納入就業行列；再者，假設社會企業的宗旨是要發展社會服務的提供，那麼經濟活動就是該類社會服務的遞送（Defourny and Nyssens, 2010）。

由EMES界定的理念型社會企業，乃基於集體的動能以及在組織的治理過程中，納入不同類別的利益關係人。各類利益關係人可能包含受益者、員工、志願工作者、政府機構、捐贈者等。他們可能是社會企業的會員，或是董事會成員，因而組建為一個「多元利益關係人擁有所有權」（multi-stakeholder ownership）的組織（Bachiegga and Borzaga, 2003）。此一「多元利益關係人擁有所有權」的主張，甚至被歐陸不少國家（例如義大利、葡萄牙、希臘與法國）所認可或在相關法律條文裡載明。利益關係人也可以透過一些比較不正式的管道參與組織運作，譬如，在社會

企業的日常運作中，使用者和員工代表可參與組織設立的各種不同的委員會。

　　美國有關社會企業的論述，主要是根植於社會創業精神和社會企業的討論，強調非營利組織運用商業活動來支持實踐他們的使命。根據Kerlin (2006) 的歸納，這樣的行為可以回溯到美國立國之初，當社區居民或宗教團體販售自製的產品或透過市場的義賣以補充志願性捐贈的不足，其重要性是在1970和1980年代的特殊歷史脈絡下開始顯現出來的。事實上，當聯邦政府在1960年代宣誓推動「大社會福利改革計畫」（the Great Society Programs）之際，大量的資金投入在教育、健康照顧、社區發展和貧窮救助方案，即是透過非營利組織來提供這些範圍中的各項服務，以取代不斷擴大的政府科層組織之管理方式。這樣的福利政策推動策略十分有利於現有的非營利組織之擴張，同時也導致了許多新興非營利組織的創設。

　　從歐美國家有關社會企業的論述可以了解，商品或服務販售是工作整合型社會企業的一個重要途徑，結合弱勢人群的雇用，再經由其製造的商品與勞動力的提供，已經成為社會企業運作的普遍模式。而就歐陸地區有關WISE的實證性的研究，也發現參與WISE所提供的就業與訓練的人群之特質。例如，根據Borzaga與Loss (2006) 針對十一個歐陸國家WISE的運作所做的分析，描繪出歐陸WISE的就業受益者基本圖像的多樣化、認識到針對受益者不同特質的不同整合路徑、剖析WISE對於勞工的不同影響，以及指出政府的相關政策措施對於WISE在受益者的整合路

徑上扮演的角色與功能帶來的影響為何。

# 三、就業促進與貧窮紓緩：台灣與香港社會企業的分析

## （一）台灣社會企業的發展

台灣的社會企業組織類型頗為多樣，大致可區分為五種類型：（1）積極性就業促進型（work integration or affirmative business），或稱作「工作整合型」；（2）地方社區發展型（local community development organizations）；（3）服務提供與產品銷售型（social enterprises providing social services and products）；（4）公益創投的獨立企業型（venture capital business created for the benefits of NPO）；（5）社會合作社（social cooperatives）。這五種類型的社會企業雖各有其獨特的組織特質與關懷的對象，例如類型二著重的是協助地方社區的人文與產業經濟發展，而類型一特別關照被社會排除的弱勢者之就業問題，至於類型四則強調以營利公司的創設及盈餘來支持NPO的公益活動；然而這五種類型社會企業的特質與構成要素也非彼此完全互斥，一種類型的社會企業可能同時兼具其他類型組織的特色（官有垣，2007）。

有關台灣工作整合型社會企業的研究方面，較早發展者屬於服務身心障礙者的非營利組織，由於身心障礙者要進入就業市場的障礙較高，過去也經常出現有關就業歧視的問題，而傳統上，身心障礙相關的社福團體是較多的，因此，部分社福團體基於他

們服務對象有就業需求上的問題，開始投入相關就業的領域，以解決身障者在就業上的障礙。例如1997年喜憨兒基金會成立他們第一家的烘焙坊，即雇用心智障礙者在麵包坊工作；陽光社會福利基金會經營的洗車中心；心路社會福利基金會的洗衣坊、清潔隊；育成社會福利基金會的清潔隊、洗車中心與庇護工場；台北勝利潛能發展中心的加油站以及伊甸基金會的資料輸入站等。在功能上，這類社會企業組織給予身心障礙者與其他弱勢者職業訓練與工作機會，一方面有助於其身體復健，另一方面也使其精神上得到鼓舞，藉著不斷鼓勵他們融入工作環境裡，亦消除了他們與外界的隔離與被排斥感。

在台灣，WISE類社會企業組織的數量在近幾年有日漸增多的趨勢，因素甚多，惟政府的政策與獎勵輔導措施之介入是一個相當重要的元素，譬如由台灣勞委會職訓局在2002年12月提出的《身心障礙者庇護工場設立及獎助辦法》，對於NPO設置庇護工場雇用與訓練身心障礙者就有經費的補助與其他方面的協助。例如該辦法第十四條規定，直轄市、縣（市）主管機關對於依本辦法籌設及設立之庇護工場得獎（補）助以下項目：（1）設施設備：依庇護工場功能獎（補）助辦公室、休閒育樂、消防設施、無障礙環境、營運機具等設施設備；（2）房屋租金及修繕費用；（3）人事費，以及（4）行政費。尤其是人事費的補助對於該類組織的挹注最具實質的效益，例如陽光、喜憨兒、伊甸等社福基金會的專業輔導人員（就業服務員）的薪資即是向勞委會申請補助的。此外，政府尚有強制雇用、獎勵雇用身心障礙者的

法規，這些NPO可申請使用「身心障礙就業基金專戶」的補助款，顯然這些措施至少可以部分降低此類NPO的人事負擔。

再者，台灣的一些福利法規在條文中明訂政府的福利服務推展應與民間NPO結合而為夥伴關係，譬如《兒少福利法》、《老人福利法》、《身心障礙者權益保障法》等，在條文中皆或多或少對於政府應扮演資源提供者角色而與NPO結合一起推行福利方案有所陳述，尤其是《身心障礙者權益保障法》（2007）第六十九條明訂「身心障礙福利機構或團體、庇護工場，所生產之物品及其可提供之服務，於合理價格及一定金額以下者，各級政府機關、公立學校、公營事業機構及接受政府補助之機構、團體、私立學校應優先採購。」內政部因而根據此法制訂《優先採購身心障礙福利機構團體或庇護工場生產物品及服務辦法》（2008），要求各級政府機關、公立學校、公營事業機構及接受政府補助之機構、團體、私立學校應優先採購等，在採購物品與服務項目時，得邀請身心障礙福利機構與身心障礙福利團體辦理優先採購。此種政策施為必然鼓勵某些NPO往事業體制發展，或是對原本就已是社會企業的NPO帶來經營上的助力。

「積極性就業促進型」與「服務提供與產品銷售型」的兩類組織，是目前台灣最為顯著的社會企業，一些中型到大型的社會企業NPO，譬如伊甸、喜憨兒、陽光、心路、第一、育成皆可歸屬於此類的其中之一或是二者的融合。值得注意的是，雖然有少部分就業促進型的社會企業在其案主群的職業訓練、輔導與就業安置上有相當亮眼的成績，案主個人的工作薪資也很不錯，且

對改變社會人士對於身障者的歧視態度發揮頗大的效果，譬如「喜憨兒」三個字已被通用為對心智障礙者的稱呼；不過值得注意的是，大部分這類就業促進型的NPO，規模甚小，弱勢案主群能獲得的工作薪資水平也不高，如何協助這類NPO在社會企業營運上軌道以幫助更多弱勢人口，是一個值得重視的議題（官有垣，2007；2008）。

除了針對身障者的服務所成立的WISE以外，1999年台灣因為受到九二一地震的影響，導致受災居民的就業受到嚴重的衝擊，政府在災區推動「就業重建大軍計畫」（以工代賑計畫），透過政府的雇用計畫，以滿足災後重建的大量人力需求，同時也企圖藉此紓緩災後的失業問題，以及提供受災戶部分的經濟支持，該政策目的在於透過臨時工作津貼，紓緩及安定災區失業者失業期間之生活壓力，並協助及激勵其迅速再就業。對象為年滿15歲至65歲或未滿15歲已國民中學畢業之災區失業者，並以具備受災事實或《就業服務法》所列特定對象優先適用。此一方案在執行的模式上，部分人力的雇用是與NPO合作的方式，形成在地夥伴結合的行動，包括災區災民參與非營利組織發展計畫及災區災民籌組合作社生產發展輔導計畫；以及在地產業振興行動，為災區生態觀光產業人力振興輔導計畫等公共重建工程及家園重建工作（財團法人九二一震災重建基金會，2009）。

而在邁入21世紀之際，全球化經濟不景氣的影響，台灣政府利用聘雇失業者作為紓解貧窮風險的政策工作，特別是受到台灣產業結構轉型所影響的中高齡失業者，故在2001年勞委會參考

歐盟發展第三部門促進就業系統的作法，推出「永續就業工程計畫」，希望透過地方政府機關及民間團體力量，培養失業者再就業的能力，同時促進在地化就業環境及工作機會。2002年勞委會則推行「多元就業開發方案」，此一方案推動的目的，也是期望結合政府及民間團體，藉由補助具創意性、地方性及發展性之經濟型或社會型計畫，促成在地產業發展，帶動工作機會，引導失業者參與計畫工作，維繫其勞動意願，重建工作自信心，培養再就業能力（行政院勞工委員會，2011）。

　　歸納台灣WISE的發展，主要在於提供保障性就業職場給予身心障礙者，這樣的性質當然與政策的制度設計有密切的關係，不管是庇護工場的法規或政府的採購法，均有制度性的保障身心障礙者就業支持的規範。然而受到經濟景氣循環的影響，近年來有關失業者的就業支持也成為WISE重要的一環，主要的目標就是期待能夠解決有關結構性失業的問題。因此，台灣政府所提出的「多元就業開發方案」，就是運用政府的資源與非營利組織的合作模式，透過非營利組織聘雇人力，提供社區化就業服務。根據Lin等人（2011）的研究指出，「多元就業開發方案」能夠創造出弱勢者就業與補充非營利組織的人力不足，而且此一方案仍是當前台灣政府勞政單位重要的政策措施。

## （二）香港社會企業之發展

　　社會企業在香港發展至今已十多年，儘管現時社會企業在本

質上仍然不是以一個法律實體的地位存在，但「社會企業」這個詞彙卻已在香港的社會公共領域中引發廣泛討論（陳錦棠，2005）。根據香港社會服務聯會的數據，截至2009年12月為止，香港全區共有超過100家非營利組織，分別營運大約320個社會企業單位（香港社會服務聯會，2010）。現時社會各界對社會企業的論述一般都將社會企業定義為透過運用企業及商業手段以達成社會目的的工作單位或組織。然而即使社會企業的商業運作與營利目標直接掛鈎，但是利潤產生的意義本質在於讓單位達到自負盈虧以及讓社會目標得以進一步發展，而不是股東之間的利潤再分配。社會主流論述中，社會企業的目的主要包括創造就業及創造與就業相關的培訓機會，其中在早期發展中所提倡的社會企業概念則集中於「工作整合型社會企業」（WISE）。

香港在1990年代末，由於金融風暴的影響，造成嚴重的失業問題，香港在1997年的失業率為2.2%，隔年上升到4.7%，但到2004年，失業率已經達到6.8%。面對失業可能造成貧窮的問題下，香港政府部門在2005年特別成立扶貧委員會，期許能夠達到為有需要人士提供經濟、就業、教育及培訓，並提供社會保障及支援以紓緩貧窮。雖然該扶貧委員會在2007年解散，但對於社會企業的運作以支持人民就業的任務仍然由政府各部門持續推動。故香港政府在其施政報告中即特別針對就業議題加以強調：對於有工作能力的人，政府著重協助他們自力更生，實現「從受助到自強」；政府會推動各方合作，進一步發展社會企業，幫助提升失業人士的就業能力，並研究現行就業服務和培訓如何能配合有

關發展（陳錦棠，2006）。

在眾多類型的社會企業中，香港受到資本主義的深刻影響，政府的政策作為對於就業問題高度重視，提升就業的政策便成為政府的重要任務，其中結合民間組織推動工作整合型社會企業的主要目標，就是要協助服務對象進入就業市場，從而逐步走進社會，最終目的是要幫助他們發展及提升能力，達到自力更生。根據2006年一項社會企業的質性研究資料顯示，社會企業為了達成協助服務對象維生的目標必須能夠維持其營運開支，故他們從商界借鏡，學習他們的經營模式，重視營利與永續經營（Chan et al., 2006）。營商有多種類別，包含生產、零售及服務；社會企業跟市場中的商業機構一樣，需要自行尋找市場的空間。根據研究的資料顯示，在工作整合型社會企業中部分著力於發展就業以及培訓機會，部分則以自雇工作的方向發展。

就香港的社會企業所追求實踐的組織目標而言，不外乎聚焦於協助解決失業問題，進而紓緩失業的衝擊，這方面體現在工作整合型的社會企業的表現，例如就業創造、職業訓練、服務對象或員工增加所得，以及增強標的團體的社會適應力。換言之，香港社會企業對於社會或社區的正向、積極影響在於協助弱勢團體獲得更多就業機會以及增加所得，且透過就業與職訓，使得這些所謂被「社會排除」的團體或人士逐漸獲得社會認可，進而提升自我依賴的能力。

工作整合型社會企業的服務對象之所以在尋找工作的過程遇到困難，往往是基於他們缺乏工作經驗或相關的技能。非營利組

織透過成立社會企業而創造就業機會，目的是要提高服務對象的就業能力，長遠解決失業問題。社會企業期望能夠發揮跳板的作用，通過提供過渡性的培訓及工作機會，讓服務對象累積工作資本，提升日後的就業能力。在就業整合的過程之中，服務對象的身分可分為見習生與雇員兩種，一般先以見習生的身分進入社會企業，經過一定的訓練後成為正式的合約員工。但是，這類整合的性質大都主要是通過參與經濟活動提供就業機會，為進入或重新進入就業市場提供跳板，純粹是過渡性的。

　　香港除了政府運用政策力量支持WISE發展外，商業部門跨入社會企業的領域，對於香港社會企業的發展也產生了重大的影響，2000年代中以後，香港迅速地出現為社會企業提供支援的社會企業網絡聯盟性組織，例如香港社會服務聯會在2006年成立社會企業資源中心，後於2008年受香港滙豐銀行及社會福利署的資助，轉為「社聯滙豐社會企業商業中心」，其主力在於向社企提供諮詢、培訓推廣等支援服務，以及向公眾宣傳社會企業的社會價值，鼓勵跨界別合作進一步推廣社會企業精神。「社會創業論壇」在2008年正式成立，由香港本地的社會企業創業家組成，以會員制網羅一班有志的社會企業家，期望推動本地社會企業家精神發展。「香港社會企業總會」於2009年正式成立，由香港的社會企業代表組成，旨在促進香港社會企業界的聯繫與合作以及社會企業界的發展，同時也與決策者保持對話，代表業界發表意見。「香港社會創投基金」則是透過資金、專業知識與人力資源的支援，協助社會企業創新在香港的發展。

綜合香港的社會企業發展之討論，有關WISE的發展過程中，香港政府的政策與方案是推展的重要力量。但是除了政府所扮演的角色以外，商業部門的人才或團體也積極地投入社會企業相關領域，以提供社會企業經營的相關知識與資訊。因此香港的社會企業的發展特性上，不同部門之間針對社會企業的交互作用較為密切，此對於香港的社會企業未來發展相當值得持續觀察。

## （三）台灣與香港社會企業的比較分析

　　就台灣的社會企業發展而言，從1990年代初期迄今二十年期間，是台灣社會變動最迅速的時期，無論是政治、經濟、人口結構、社會需求都面臨快速的轉變。各式各樣的志願性、非營利組織（NPO）在這種環境之下日趨增多與成長，由於組織間資源的競逐日趨明顯，以及政府為解決嚴重的失業問題及其他紛雜的社會問題而亟欲將NPO納入為協助者所產生的各式政策誘導，因而近年來，台灣的NPO中有著相當數量的組織在實踐其社會公益目標之際，也不斷朝著市場化與產業化的方向發展，因此所謂的「社會企業」，在台灣不但在概念上有可對應之處，在實體的操作面上也有具體的物像存在。整體而言，台灣的社會企業組織目前是處於成長的階段，且組織形式與活動內容愈來愈多樣化；而NPO設立其社會企業單位時，解決失業問題與紓緩貧窮是其兩大努力的目標（官有垣，2007）。

　　至於香港社會企業的發展，近十年來有一些以社會企業模式

運作的實驗性本土經濟發展項目，幫助經濟上弱勢和被排斥的人群。香港天主教勞工事務委員會和香港社會服務聯會分別在2003年和2005年各自完成一項就這類項目進行評估的研究。兩項研究的結果分別都肯定了該類項目的貢獻，但亦指出有關組織者所面對的限制與挑戰；同時該研究亦為社會企業作為就業整合及滅貧的策略進行建議。根據初步資料分析，香港現有的社會企業多由本地的非政府、非營利機構創辦，他們針對不同對象成立了不同的就業整合的工作隊。通常這些工作隊都在財政上獨立於所屬的非政府機構。工作隊本身可以看成是一種社會企業型態的體現。以成立的成本來看，不同的工作隊各自有不同的財物來源：有一些工作隊由政府營運的主題性資助計畫所資助成立，例如，社會福利署的「創業展才能計畫」和「深入就業援助計畫」，和衛生福利及食物局的「社區投資共享基金」；也有一些是由社區上現存的企業或私人基金會所資助；亦有一些由該工作隊本身所屬的非政府組織支持；此外，也有部分是由參與者自資成立。

本文作者曾經執行兩次台港兩地社會企業調查（2006與2010年），其結果顯示香港與台灣的社會企業在設立產銷營業單位的目的，首要著重在社會目的，即重視「為弱勢團體創造就業機會」、「增進弱勢團體的社會適應能力」以及「提供職業訓練」。細觀之，在台灣，依據2006與2010兩個年度有關設立「產銷營業」單位之目的比較，2006年的調查，比例最高的前三項目的分別為：「為弱勢團體創造就業機會」（88.1%）、「增進弱勢團體的社會適應能力」（78.6%）、「提供職業訓練」

（76.2%），均以服務對象為主；而在2010年的調查中，比例最高的前三項目的為：「創造弱勢團體就業機會」（67.5%）、「提升弱勢團體就業者的收入」（58.8%）、「建立機構自給自足的能力」（56.1%）。顯然以上兩個年度的調查結果其實是相當一致的，即台灣的社會企業的成立，其非常重要的目的就在於提供或促進弱勢團體的就業，透過提供庇護性職場、運用職業訓練或陶冶的方法，期許這群社會中不利於就業競爭者，能夠透過社會企業，協助他們有更佳的就業機會與空間。不過，我們也發現，台灣的社會企業亦重視「建立機構自給自足的能力」（2006：74.4%；2010：56.1%）。因此，整體而言，台灣的社會企業成立目的，主要仍以「社會性目的」為主，惟「經濟性目的」也在其考量的項目之內，亦即期盼從事產銷營業的收入能夠增進機構的自給自足能力（Chan, Kuan and Wang, 2011）。

至於在香港，依據2006與2010兩個年度有關設立「產銷營業」單位之目的比較，在2006年的調查中，比例最高的前三項目的分別為：「為弱勢團體創造就業機會」（90.5%）、「提供職業訓練」（71.4%），以及「增進弱勢團體的社會適應能力」（66.7%）。而在2010年的調查中，比例最高的前三項目的為：「創造弱勢團體就業機會」（93.3%）、「提供職業訓練」（71.4%），以及「增進弱勢團體的社會適應能力」（68.9%）。顯示兩個年度的調查結果完全一致，然而在2010年的調查，「提升弱勢團體就業者的收入」（66.7%）亦與「增進弱勢團體的社會適應能力」（68.9%）在伯仲之間。

兩次的調查顯示，香港與台灣的社會企業在設立社會企業產銷營業單位的目的，首要著重在社會目的，即重視「為弱勢團體創造就業機會」、「增進弱勢團體的社會適應能力」以及「提供職業訓練」。兩地社會企業在這方面的差異，其一是在於香港的社會企業並不認為設立社會企業單位可為機構帶來自給自足的效果，然而台灣的社會企業卻抱有這種想像與期盼，亦即「經濟性目的」也在其考量的項目之內，期盼從事產銷營業的收入能夠增進機構的自給自足能力。其二是在社會企業的服務對象著重不同，在香港開設社會企業的機構本身主要針對婦女、低收入戶、兒童及青少年、失業者、老人與智能障礙者。此外，部分社會企業機構亦因應香港近年的特殊社會經濟狀況而開始照顧其他類型的社群，例如新來香港者、低技術及低學歷者、以至中年人、社會救助津貼依靠者等。在台灣方面，開設社會企業的機構本身主要服務各種不同類型的身心障礙者，其中比例最高者為「智能障礙者」，其次為「多重障礙者」。結果顯示婦女、低收入戶、兒童及青少年、老人以及低收入戶等服務對象，在台灣並未受到社會企業同等程度的重視。由此可見，台灣的社會企業大都以服務遭受社會排除（social exclusion）的身心障礙弱勢團體為主；而香港的社會企業較多針對政府既定的福利提供對象，在這方面扮演補足的角色（Chan, Kuan and Wang, 2011；官有垣等，2012）。

　　再者，王仕圖、官有垣等人（2010）利用個案分析方式，分析港台兩地WISE的比較，其認為提供就業機會是此類社會企業成立的重要目標。機構的服務對象涵蓋了弱勢家庭、身心障礙

者、社區失業婦女、原住民、更生人、青少年、以及中年失業的族群。這些服務對象有些是不容易進入競爭性勞動市場者,有些則是就業市場中被淘汰的失業者,部分則是在競爭性勞動市場中的弱勢者,而這些對象可能需要社會營造一個保護性的就業服務機制(如庇護工場)、有些則需要提供其就業機會,而WISE即在補足社會在這方面的缺口。另外,脫貧是WISE能夠產生的另一項影響的效用,從港台的個案分析討論可以了解,社會企業不僅可以提供就業的機會,且可能進而帶領這些失業者或弱勢者脫離貧窮困境的方式,WISE提供給就業者的經濟支持,能夠幫助這群服務對象脫離貧困的經濟環境,因此WISE需要思考其服務項目與服務對象等因素,以協助他們具備脫貧的可能性。歸納言之,台港WISE的個案研究結果顯示,大致呈現組織中社會企業單位發展較為年輕、機構領導者或社會企業部門主管對於社會企業的經營有獨特的想法,而且有冒險開創的精神等特性,以促使社會企業積極發展。其次,在就業與抗貧效果上,所聘用的員工數並不多,但在薪資結構上,尚能維持在一般勞動市場的基本待遇,甚至稍高些,或能依工作者的特性加以設計工作,使其能兼顧工作與照顧責任,已部分達到就業及扶貧的效果。

# 四、結論

由以上台、港兩地的社會企業之發展過程及其社會經濟目標的實踐之分析,顯見兩地的社會企業,尤其是WISE,所追求實

踐的組織目標聚焦於協助解決失業問題，進而紓緩失業的衝擊，例如就業創造、職業訓練、服務對象或員工增加所得，以及增強標的團體的社會適應力。換言之，兩地的WISE對於社會或社區的正向、積極影響在於協助弱勢團體獲得更多就業機會、增加所得，且透過就業與職訓，使得這些所謂被「社會排除」的團體或個人逐漸獲得社會認可，進而提升自我依賴的能力。

本文作者認為，未來接續的研究重點宜進一步探討台灣與香港社會企業對所服務的標的團體——「邊緣性群體」（marginalized people）或稱之為「弱勢群體」（disadvantaged people）的「社會影響」（social impact）評估，才能確實了解兩地社會企業：（1）所聘雇或訓練的弱勢人口群體的社會經濟特性為何？例如其人口特質（如年齡、性別、教育程度、家戶條件與狀況、弱勢的類型）、就業經驗，以及他們在加入WISE之前的狀況。（2）兩地社會企業用哪些整合的方法或途徑，透過訓練與就業的手段來協助這些弱勢群體？（3）兩地社會企業的努力，對於這些所服務弱勢群體帶來了哪些社會性與經濟性的影響？

王道文化在於施行仁政，該思想自孟子提倡以來，即成為中國歷代實踐的核心價值，所謂的仁政，把對鰥寡孤獨，窮困無依者的憐憫與救助作為一項重要的內容。非營利組織投入社會企業的營運照顧弱勢人民，乃是透過創新服務的手段，提升人民自立的能力。而在社會企業發揮仁愛精神之餘，尚需有政策條件的配合，台灣與香港的政府部門目前在社會企業的發展過程中，均提供部分能夠支持社會企業發展之興利政策，相信這些政策即為王

道文化之實踐；然而，當代社會變遷之迅速，也將考驗政策的適時性與合宜性，故政府政策必須能夠更為機動地回應人民的需求，才能真正落實照顧弱勢的王道文化精神。

# 參考書目

王仕圖、官有垣、林家緯、張翠予（2010），〈工作整合型社會企業的
　　角色與功能：台灣與香港的比較分析〉，《人文社會科學研究》，4
　　(2)，頁106-130。

行政院勞工委員會（2011），多元就業開發方案。取得日期：2012/7/12。
　　網址：http://www.cla.gov.tw/cgi-bin/siteMaker/SM_theme?page=4e12d9e6。

百度，Bai du，2012/11/09, http://baike.baidu.com/view/39863.htm#2。

官有垣（2007），〈社會企業組織在台灣地區的發展〉，《中國非營利
　　評論》，1，創刊號，頁146-182。

官有垣（2008），〈社會企業組織在經營管理的挑戰：以喜憨兒社會福
　　利基金會為案例〉，《兒童及少年福利期刊》，14，頁63-84。

官有垣、陳錦棠、陸宛蘋、王仕圖（2012），《社會企業：臺灣與香港
　　的比較》。台北：巨流。

香港社會服務聯會（2010），《社企名錄 2009-2010》。香港：香港社
　　會服務聯會。

陳錦棠（2005），〈香港社會企業之發展及策略分析〉，研討會論文，
　　發表於「發展公益事業建構和諧社會研討會」，上海，復旦大學，
　　2005年11月19-20日。

陳錦棠（2006），〈香港社會企業發展之綜覽〉，研討會論文，發表於
　　Conference on Social Enterprise, April 6, 2006, Hong Kong。

賴兩陽（2004），〈全球化、在地化與社區工作〉，《社區發展季
　　刊》，107，頁120-133。

財團法人九二一震災重建基金會（2000），〈建立災區重建大軍就業方案〉。取得日期：2012/7/12，網址：http://www.taiwan921.lib.ntu.edu.tw/921_10/arch04-47.html。

Bachiegga, A., & Borzaga, C. (2003), "The economics of the third sector," in H. K. Anheier and A. Ben-Ner (eds.), *The Study of the Nonprofit Enterprise, Theories and Approaches*. New York: Kluwer Academic/Plenum Publishers.

Borzaga, C., & Loss, M. (2006), "Profiles and trajectories of participants in European work integration social enterprises," in Marthe Nyssens (ed.), *Social Enterprise: At the Crossroads of Market, Public Policies and Civil Society*. London and New York: Routledge. Ch. 11, pp. 169-194.

Chan, K. T., Cheung, K. C., Ho, P. Y., & Yuen-Tsang, W. K. (2006), *Final report on social enterprises and anti-poverty: The case of work-integrated services*. Hong Kong: Central Policy Unit, HKSAR Government.

Chan, K. T., Kuan, Y. Y., & Wang, S. T. (2011), "Similarity and divergence: comparison of social enterprises in Hong Kong and Taiwan," *Social Enterprise Journal*, Vol. 7, No. 1, pp. 33-49.

Defourny, J., & and Nyssens, M. (2006), "Defining social enterprise," in Marthe Nyssens (ed.), *Social Enterprise: At the Crossroads of Market, Public Policies and Civil Society*. London and New York: Routledge. Ch. 1, pp. 3-26.

Defourny, J., & Nyssens, M. (2010), "Conceptions of social enterprise and social entrepreneurship in Europe and the United States: Convergences and divergences," *Journal of Social Entrepreneurship*, Vol. 1, No. 1, pp. 32-53.

EMES and UNDP (2008), *Social enterprise: A new model for poverty reduction and employment generation.* UNDP Regional Bureau.

Kerlin, J. (2006), "Social enterprise in the United States and Europe: Understanding and learning from the differences," *Voluntas*, Vol. 17, No. 3, pp. 247-263.

Lin, C. Y., Laratta, R., & Hsu, Y. H. (2011), "The impacts of the MEPP on program participants and NPOs in Taiwan," *International Journal of Sociology and Social Policy*, Vol. 31, Iss: 5, pp. 302-318.

Nyssens, M. (2006), *Social Enterprise: At the Crossroads of Market, Public Policies and Civil Society.* London and New York: Routledge.

【第四篇　社會關懷與王道文化之實踐】

# 第九章　王道文化與和信醫院之關懷管理

黃達夫

和信醫院院長

　　所謂王道，就是為王之道。簡單地說，就是治理的正道。

　　今天我們談到王道文化在21世紀的實踐，就是要將王道的精神延伸，應用到各行各業的經營管理上面。很清楚的，醫院的存在，就是為了服務病人。醫院的經營管理就要竭盡所能去滿足病人的需求，根據每一位病人的病情，提供最完善的醫療照護。

　　經營大師彼得・杜拉克更在《非營利事業的經營》一書中說，非營利事業，如宗教、教育、醫療、社福等事業的bottom line不是「利潤（profit）」，而是「改變的生命（changed lives）」。

　　因此，非營利事業是一種志業，從事非營利事業者，必須認同該事業的理念，相信其工作的意義。然而，非營利事業的經營管理與企業的管理策略，基本上，並沒有衝突。非營利事業的經營者更應該善用管理學的工具與方法，來發揮非營利事業的最大功能。

　　尤其，非營利事業基金的主要來源往往是社會善心人士，捐款人都有非常真誠的動機，因此，非營利事業的經營者，就不能辜負捐款人的期待。我個人一直認為非營利事業的經營者，更要戰戰兢兢、精打細算善用捐款人的每一分錢，去發揮最大的效益，改變最多的生命！

我很慶幸辜公亮基金會給我一個難得的機會從無到有的去創立一所嶄新的醫療機構。因為沒有傳統的包袱，沒有歷史的記憶，沒有積習的牽制，所以，我能選擇性地採用我在美國二十五年工作經驗中所學到美國醫療體制的優點，做為建立醫院典章制度的基礎架構，刻意去防阻許多國內醫療界的積弊、惡習，訂定非常清楚的目標，以期建立一個健全的制度。我很感謝，在創院初期就參與的同事，明知這是一個艱難的工作，仍然抱著拓荒、冒險的精神，與我一齊共創未知的將來。

　　1990年代的台灣，經濟繁榮，物質生活、休閒消費已達開發國家水準。國人出入五星級觀光飯店、世界級百貨公司，觀光旅遊更是國人日常生活的一部分。然而，反觀國內醫療機構，儘管擁有龐大的硬體及昂貴的機器，但是其作業觀念，仍然停留在戰後的克難時期。往往國人身體好時，可以選擇到潔淨的五星級飯店吃飯喝茶，生病時，反而被迫到廁所裡沒有洗手液、擦手紙，沒有感染預防措施或安全保障的醫院。病醫關係也仍未解脫威權的窠臼，病人是有求於醫師的弱者，經常毫無反抗地任憑醫師、醫院的支使。對於這樣很不合理的現象，大家卻習以為常，見怪不怪。國內醫師看診之神速更是令人嘆為觀止，同樣一部高科技檢查儀器的使用量，竟然可以是國外的數倍，藥物的高度使用占去了醫療資源消費額的三分之一。這些事實顯示國內的醫療觀念有待提升，醫療品質有待改善。

　　和信治癌中心醫院的前身孫逸仙治癌中心醫院成立時，董事會邀請宋瑞樓院士擔任院長，而我則擔任執行長。宋瑞樓院士

（院長）與我（執行長）從一開始就給全院同仁一個極為清楚的行事原則，因為，醫院是為了病人而存在的，所以醫院一切行政、醫療決策都應該以病人的福祉為依歸。在我們每天的工作中，同事間、部門間難免有衝突發生，我們主張任何行政和醫療決策如能排除個人的，或部門的本位立場，而為病人的權益著想，則必然具有說服力，也不會有利益的衝突。大家只要冷靜地以病人的權益為中心考量，就很容易找到雙方都服氣的解決方法。但是，醫院裡的任何制度及作業準則卻要經常更新、改善，而且制度的執行也不能一成不變、毫無彈性，只要是為了病人好，或醫院好，應該都可以有例外。

和信醫院使命

- 尊重病人生命，以癌症為專長的教學醫院
- 提供國內癌症病人世界先進水準的醫療照顧
- 培訓卓越的專科醫師與醫事、行政人員
- 專注於癌症臨床，基礎及相關科學的研究
- 提升國內的醫療品質水準

和信醫院同仁的行事原則

在一個醫療機構內，永恆不變的原則是「一切以病人的福祉為依歸」。不論是醫療或行政決策，原則明確則可排除情緒因素，以智慧和心靈的交集來解決一切問題。

- 集思廣益的合作原則

表達意見，交換觀點，以達共識，是多科整合、團隊醫療的開始。

- 利己利人的學習態度
  增進個人專業知識和技術，科際間相輔相成，同心協力去超越現狀，突破困難，終能提供最先進的醫療。
- 設身處地的人際關係
  不論是對同事或病人，都要以關心、真誠的態度去了解他方的需求，寬恕他方之不同。友善、禮貌、尊重的態度是群策群力達成目標的出發點。
- 創新求變的處世觀念
  醫學在進步，社會在改變，醫院的宗旨和使命雖然不變，但是醫療作業、行事方法必須跟進改善，以維持醫院的競爭力。

因為醫院的存在是為了病人。而我們所照顧的主要是癌症病人，如何給予癌症病人最適切的照顧，提升他們的治癒率，降低他們的死亡率，減少治療中的辛苦，就必須是全院同仁不斷思考的課題。所以，醫療品質的觀念應該內化為醫事人員的日常工作習慣，就和我們每天呼吸空氣一般的自然。

因而，品質觀念的培養和促進是我們的首要任務。創院之始，固然各部門有其基本制度架構，作業流程及品管監測機制，但是為了凝聚共識，培養一致的醫療理念，我每星期定時與行政、醫事部門主管一齊解決醫院經營、運作時突發的問題並追

蹤、檢討日常的作業，釐清我們的方針，不間斷地改善我們的制度，力求流程的順暢，及效率的提升。

為了使醫療團隊養成多科整合的工作習慣及合作的關係，從一開始我們就刻意去打破各部門間的藩籬，及消除威權與階級的封建傳統。在地理空間的設計上，沒有劃分科部的特定空間，醫師的辦公室不分科的互為鄰居，護理部辦公室亦在近鄰，以促進醫務部門思想的溝通和意見的交流。每天早上七點半至八點半的晨會是全院醫師共聚一堂，共同檢討，提升醫事、行政人員的專業能力及醫療流程的時段。因此，除了所有的專任醫師外，同時有藥劑科、護理部、病檢科、社服室、營養室等同仁參與。我們的討論室有一個孟子「予豈好辯哉，予不得已也」以及胡適之「做學問要在不疑處有疑，做人要在有疑處不疑」的二個橫幅提示大家踴躍發言以及就事論事的態度。宋瑞樓院士常說：「不要自以為是專家，別人就一定要接受你的看法，你必須藉著知識、證據及良好的溝通來說服別人！」秉持著追求真理的精神，每位同仁不但有據理力爭的權利，更有義務對抗權威。就在這樣的辯論中，我們一同為每一位病人爭求最大的醫療效益。

除了服務病人外，專業人員的培訓也是本院的重要使命之一。因為台灣癌症專科訓練計畫是1989年才開始，所以，在和信醫院創立的同時，癌症醫療在台灣方才開始啟蒙，因此在最初的四年，只要我在國內，我每天下午自四點半開始帶領全院主治醫師與我們的住院醫師教學迴診。經常從診斷內科、外科、放射治療科、病理科醫師以至於其他醫事部門都有人參加，一方面我藉

此機會再度加強同仁們緊密的溝通和相互學習，也同時向年輕的主治醫師們傳達我個人的教育理念，傳授臨床教學方法，希望各個主治醫師都能成為優秀的典範與教師，以達成未來教育傳承的任務。和信醫院的成長是刻意扎扎實實一步一腳印慢慢走過來的。從第一位住院病人到七年後搬離臨時中心時，每日約70位住院病人，這樣的數目相較於國內其他醫院，經常開始營業半年，就住滿數百床、上千床的情況，大不相同。在很多人的腦海裡，是一個微不足道的數目，但是，就是因為創院的前七年住院病人數維持在70人以下，我們不但與病人建立了極親密的關係，醫師、護理及其他醫事人員也在同仁之間相互監督下養成了按部就班，謹慎作業的工作習慣。就這樣的，逐漸奠定了和信醫院的醫事人員關心病人，認真執業的健全基石。約在永久中心第四年，一方面因病人數目逐漸增加，時間有限，我無法再繼續訪視每一位病人，一方面醫院的主治醫師也已逐漸成熟，因此我個人親自迴診教學的次數減少，而由主治醫師們大家分擔教育的責任。如今，我除了仍然每天按時參加晨會外，年輕醫師的教學已減至一星期一次，但是當有醫學生來實習時，我就會為了他們特別多花時間與他們互動，希望能激發他們求知的熱情，並督促他們以正確的態度，積極地參與臨床的學習，而從病人的回饋中，找到成就感。

在任何醫院的工作中，影響醫療品質最重要的關鍵是「主治醫師的醫療判斷和治療決定」以及醫事人員執行醫令是否及時又正確。而醫療決策往往需要經過相當複雜的分析及推理系統。醫

師專業的素養，思考的縝密，邏輯、理路的清晰，必須經常接受刺激與挑戰，才可能越磨越銳利。晨會的腦力激盪、智慧的交集，就是一個非常重要的品管機制，因此在我們醫院工作的同仁，必須很快地適應我們這個經常必須面對同儕的挑戰和批評的工作環境。他們一旦習慣了，而能坦然地接受同仁的建議時，他們就會發現在這樣的環境裡，雖然必須承擔隨時被批評的壓力，但是因為大家都有「醫院的病人就是我的病人，我的病人就是大家的病人」的共識，而在必要時，能毫不猶豫地請同仁幫忙，反而紓解了獨自承擔一切責任的壓力。同仁間從而慢慢地養成了互信、互助、互賴的工作態度。

值得在此一提的是，不同於其他醫院，自創院之始，我們就要求醫護人員要為病人赴湯蹈火，也要誠實面對作業的失誤。因為，在台灣至今尚未建立醫療過失保險制度，所以，從一開始，醫院就擔負起保護醫護人員的責任，由院長室負責處理所有病人的抱怨及失誤事件。有人說醫院是最危險的地方，其實並非危言聳聽。因此，自律、自省、積極地去防範錯誤的發生，是醫院管理極重要的一環。所以，我們非常重視定期舉行的死亡與併發症、長住病例的檢討會，至今，仍由我親自主持，期許同仁虛心檢討，從中學習、改進，不能敷衍了事。其他，如感染科定期發表院內感染率，追蹤抗生素使用的適當性等，都是很重要的品管措施。令我感到欣慰的是，我們醫院抗生素的抗藥性一直維持全國最低紀錄，以MRSA（抗藥性葡萄球菌）為例，我們的抗藥性約20%，其他醫學中心都在60%以上。經過多年持續不斷的努

力，我們醫院加護病房已經有好幾季中央管路的感染是0。

如果有人問我，基本上，我們醫院有什麼不同？制度上，第一個不同的地方就是我們沒有管理部，醫院裡沒有一個部門能管理誰，每位主管的職務不在管理而是負責統籌協調，以達成該部門的任務。醫院的行政部門必須是一支極具效率的後勤部隊。因為病人到醫院來是來找我們的醫師，真正在照顧病人的是醫護人員。行政人員雖然是醫院中不可或缺的一環，但是在病人的腦海中並不是最重要的人物，因此行政部門扮演的是配合、協助醫事人員，幫忙醫事部門提高工作效率，使得醫事人員能夠得心應手地扮好照顧病人的角色，他們將永遠是醫療團隊中的無名英雄。

在美國的醫療界賄賂、回扣等弊端，雖然時有所聞，但是絕少在俱有聲譽的醫院發生。然而，紅包、回扣等問題在國內一直是醫療傳統的一部分。為了杜絕這樣的問題在和信醫院滋生，醫院裡，除了所有行政作業程序全部透明化，任何的重要採購案除了使用單位的意見外，都必須同時取得院外專家的意見，選擇多於一種類似的產品，最後則在價錢和效益之間去衡量，物超所值的產品就是我們的選擇，使用單位不能規定品牌。至於紅包的問題，則除了在簽約時，明文規定收取紅包、回扣即構成解職的理由外，更從向病人及家屬宣導開始，預先避免這種事情的發生，我們鼓勵主治醫師將感恩的病人轉介給社服室，請他們捐款幫助其他清寒病人。因此，多年下來，本院累積了一筆不少的清寒病人補助基金，使得本院的病人不論貧富一直都能平等地獲得最先進的醫療。我想同仁們都感受到在這個機構裡是非分明，獎懲公

平的文化。主管的任務不但要負責達成該部門的工作，更要能提出前瞻性的計畫，使該部門的運作永遠走在專業的前端。主管不但要能欣賞屬下的優點，更要使他們的長處發揮到最大的極限，也須設法輔導屬下使他們的短處不妨害到他們的工作。

在和信醫院裡凡是能處處為病人設想，能主動提出促進、改善醫療品質的建議，並願意負責去推行的人，他在醫院裡的影響力就很大。願意積極地溝通，努力實踐並推動醫院理念的人，很自然地就能得到大家的尊敬。當大家都有這樣的共識時，權威、謀略在和信醫院裡就發揮不了什麼作用了。

大家都知道台灣的醫師普遍門診病人都很多，所以，在和信醫院，從一開始我就期待主治醫師要提供負責任的醫療服務（accountable medicine）。我個人覺得內科門診平均不應超過25人，外科不應超過35人，所以，和信醫院門診量是有限制的。

眾所周知，在當前不合理的健保給付制度下，醫院門診量的大小與醫院的營運績效成正比。因制度設計的錯誤，誘發重量不重質的醫療行為，導致醫療價值觀錯亂，為了增加醫院及個人的收入而競相膨脹門診量。所以，和信醫院一反國內常態，限制門診量的措施，在論量計酬的健保制度下，難免吃虧，外人看來更是愚蠢的作為。但是，我深信任何一所醫療機構必須在執行正當醫療的原則下，去追求效率和財務的平衡，如果一所醫療機構枉顧人命，犧牲醫療品質，以求生存的話，它就失去存在的意義了！因此，如何在不衝量的情況下，維持醫院財務的平衡，就成為和信醫院經營管理的最大挑戰。

根據我在國外二十五年的工作經驗，我有一個很堅強的信念，我一直認為「正確的醫療就是最經濟的醫療」。因此，在台灣極端不合理的健保制度下，正是考驗我這個信念的機會。

　　和信醫院不但不衝門診量，我們也不精簡人力來降低成本。和信醫院的護理人力是台大、榮總的兩倍，是長庚的三倍。台灣的醫院評鑑要求每五百床聘有一名接受感染症醫學訓練之專任專科醫師，未滿三百床醫院可由參加專業學會認可之感染管制訓練達20學分以上之非感染專科醫師負責掌管業務。和信醫院至今開不到二百床，就有三位專任感染科專科醫師，我們的員工與病床比是6：1，其他醫院是2：1以下。

　　我們為什麼要這麼做？因為我們要提供優良的醫療。我們醫院開院之初，有位從國立醫學中心來的兼任醫師，他告訴我，他在我們醫院看一次診，就能完成的工作，在他服務的醫學中心，病人須看三、四次門診才能完成。這樣不但造成病人的不方便，還常因分多次獲取資訊而失去完整性，不但效率差，效果也變差。而且，因我們有足夠的護理人員，病人住院期間護理照護周全，不但病人的復原迅速，也避免不必要的死亡。（根據研究，以護理師照顧四床病人為基準，每多照顧一床，死亡率就增加7%。）再加上我們醫院的院內感染率低，不但安全，病人的平均住院日也相對縮短了，我們醫院床位的周轉率就提高了。

　　我們這樣的做法，雖然收不到多次的門診費，以及較長的住院費，但是，我們所照顧的病人數就增加了！根據統計，我們每年所照顧的癌症病人數與某國立醫學中心相當，他們用了六、

七百床，我們用不到二百床。因此，我們收到同樣多的檢查與治療費用。我們的人事費用雖然較高，卻少了四、五百床每天的經營成本。所以，和信醫院並沒有應驗當初某一所大醫院的管理部主任的預言「和信醫院一定會倒！」。也不是如許多人的推想，以為和信醫院有辜公亮基金會源源不絕的資金挹注。或有人說，和信醫院收的大都是自費病人。事實上，和信醫院98%都是健保病人，除了當初近30億元的基金外，和信醫院主要是靠健保收入過日子。此外，因為我們的治療成果很好，我們的服務也受到很多病人的肯定，所以，超過 3 億元的病人捐贈讓我們能夠更新或購買先進的儀器，我們也累積了經常超過 1 億元的清寒病人基金，能夠幫助清寒病人得到最好的醫療。

在醫療事業的經營上，我個人有一個堅定不移的看法。我反對現在國內大多數醫院施行的績效支薪制度。我認為這種在商業行銷上，經常被採用的抽成分紅制度並不適用於醫療志業。因為醫療的執行，不論是診斷或治療的過程，需要腦力、心力的投入，工作量一旦超過一定的極限，必然犧牲了品質。更何況，現代先進的醫療，幾乎沒有一個步驟不需要多科的合作，當績效支薪制度把誘因建立在個人及部門的績效上，而導致醫師及科部互搶病人，怎能營造互助互賴的環境呢？當制度的設計製造了量與質之間的直接衝突時，品質的維護就淪為空談了。績效支薪制度鼓勵量的成長，不但導致粗製濫造的工作態度，以及偷工減料的醫療行為，更製造了同儕合作的障礙，犧牲了醫療品質，顯然嚴重違反了醫療的核心價值與倫理。因此，和信醫院實施的是固定

薪資，然後根據同儕上對下、下對上以及平行的相關部門同事互評的三百六十度績效評估的結果，決定調薪幅度及年終獎勵金。而且，人力資源部每年都會接受員工的意見來修正評估制度。

在健保實施十七年後（1995年實施）的今天，連台灣醫界龍頭台大、榮總都面臨六大皆空的時刻，績效支薪制度的惡果，終於被看到了！因為不合理的健保支付制度根本沒有反應醫師腦力、心力與時間的投入，而造成醫院內有賺錢與賠錢醫師或部門的差別，醫院管理階層偏愛賺錢的部門的結果，賠錢部門的人力就不斷地被精簡，相對的，工作量就愈來愈吃重，而導致台灣各醫院的內、外、婦、兒及急診科不但人力不足，還後繼無人，終於造成台灣整個醫療體系大環境的崩壞。

自創院開始，和信醫院人力的配置完全是根據病人的需求，以及醫療品質的維護為決定的基礎。醫療設備的選擇，專業人力需求的多少，則是看我們所照顧的病人的屬性來決定。醫院的財務不是由部門成立成本中心去爭搶健保資源，而是將健保收入放在醫院的大水庫，然後分配到需要的地方。所以，在和信醫院這個小環境裡面，沒有所謂的賺錢醫師或賠錢科，每一位醫師，每一個部門都有他的價值，都受到同等的重視。而為病人付出愈多的醫師或部門，就會得到愈多的尊重。所以，和信醫院並沒有六大皆空的問題。

由此看來，和信醫院在二十三年前走不一樣的路，在二十三年後的今天，也許我可以說，和信醫院走的就是光明正大的王道吧！

# 第十章 家扶的社會關懷與王道文化之實踐

王明仁、藍元杉*

## 一、前言

　　仁愛為本、兼善天下，以眾人福祉為依歸，照顧鰥寡廢疾及社會各種型態的弱勢者，是中華文化內蘊裡，極致「王道文化」後的社會理想。台灣兒童暨家庭扶助基金會（Taiwan Fund for Children and Families，以下稱家扶基金會）自1950年在台灣服務迄今的六十二年間，匯聚社會善心已陪伴超過十七萬個台灣孩子脫離貧窮與弱勢生活。而每一天，持續有全世界三十五個國家及台灣，逾十萬個孩子透過家扶基金會得到台灣公眾力量的援助。

　　家扶基金會的使命是在兒童有需要的地方，就有家扶的服務，但這公益理想與社會公義的實踐，仰賴眾人之力。因此家扶基金會致力在引導公眾發揮人性中的助人良能，成為一個社會關懷的媒介與平台，並具體彰顯中華文化的理想價值。

---

*王明仁，財團法人台灣兒童暨家庭扶助基金會前執行長，美國俄亥俄肯特州立大學教育碩士；藍元杉，財團法人台灣兒童暨家庭扶助基金會社會工作處培訓組主任，東海大學社會工作系碩士。

## 二、家扶基金會實踐王道文化的社會關懷

　　長期以來，兒童被冠以國家未來希望之名，或在社會投資（social investment）概念下，成為備受關注的人口群。然而，檢視兒童生活現況與福利需求時，不難窺見他們經常面對貧窮弱勢、疏忽照顧、身心虐待、性侵害，以及目睹各種暴力等多重的風險情境。一旦不幸落入，則必然無法與同儕享有相對等的教育資源和成長活動，明顯減緩自身人力資本的累積，以及降低獲得多元的社會參與機會。此外，假若再無法從社會救助體系，取得有效協助資源時，將易掉入社會排除（social exclusion）的陷阱中。影響所致，不僅對於兒童當下成長形成困境，也會將不利條件延續遺傳至下一代，進而成為「貧窮循環」或「暴力代間傳遞」的長期犧牲者。

　　因此，即便不是關注弱勢群體相關議題的一般民眾，透過普同知識都能理解許多兒童已在貧窮、弱勢中掙扎，但當我們透過社會公義的稜鏡來觀察這群孩子時，在情緒上將會更覺得苦痛。因為，他們多半是無聲的受害者，「沉默」正好是間隔他們與救助資源之間的最大阻礙。所以，當代文明不遺餘力的建構一個兒少健康成長，足可提供平等、適切照顧的成長環境。如1989年，聯合國通過的《兒童權利公約》（Convention on the Rights of the Child），內容即揭示各國應以適當的立法、行政，以及其他各種措施，在兒童最大利益為優先考量之下，保障兒童與生俱有的生存權利與其發展的可能性（李園會編，2000）。

但不可諱言的，單純就政府部門的角色與功能而言，特別是在社會相對少數的弱勢者照顧上，仍存在許多限制與力有未逮的遺憾[1]。據此，由非營利組織偕同公民力量參與其中，是重要的關鍵力量。而以基督慈善精神為基礎，透過社工專業為助人方法的家扶基金會即為其中的一份子。

本著非營利組織「彈性」、「創新」、「效率」的特質，以及確保「責信」（accountability）的重要原則，家扶基金會在不同時代下，面對弱勢兒童各異的成長需求，均提出可對應的各項關懷策略與方法。換言之，這是以弱勢兒童與家庭為「標的系統」（target system），一方面評估它內在系統、關係的運作，另一方面也解析它如何受到外在環境系統的影響，亦或者是如何可以幫助其連結與運用外部資源。同時，有效掌握弱勢兒童在不同發展歷程上的需要，以及在單一時空背景遭遇的多元問題，綜合思考服務應要有的體系與內容。接續，本文將逐一且清楚描述家扶基金會如何在兒童需要上實踐社會關懷的服務樣貌。

---

1 政府失靈論。James Douglas (1987) 認為政府部門會因幾項限制造成公共服務無法滿足公眾需求的情形，包含：服務項目上的有限性；滿足多數者的需求；追求短期可見的成效；專業知識侷限性；以及科層框架產生的使用者的疏離感等。因此當政府部門失靈時，便需要非營利組織對問題與需求提出修正與回應。

## （一）1950年代：照顧戰後顛沛的失依兒童——維繫兒童最基本的生存權利

二戰過後，台灣本島已有許多戰爭孤兒，復加上大陸地區眾多戰爭難民來台居住，使失依兒童的照顧問題趨於嚴重。在那樣一個時代條件下，我們無法非常精準掌握當下社會問題的嚴重性，但如以最能體現生活樣貌的電影內容作為社會觀察依據時，則可從《流浪兒》等多部電影，看到失去父母或照顧者的孩子，透過偷竊最廉價食物的方式，來求取基本生存的殘酷現實。此外，長期顛沛流離，往往也會在孩子心中留下難以撫平的傷痛，影響其無力建立與環境的安全依附。所以看顧其心理與情緒發展，亦為當時刻不容緩的兒童照顧工作之一。

據此需要，政府部門於1946年設立台北育幼院，於隔年制訂《台灣省育幼院組織章程》等法規。但約比此階段更早的時間，家扶基金會的前身——中國兒童基金會（China's Children Fund, CCF）已於1938年，由美籍基督教傳教士卡維特・克拉克博士（Dr. J. Calvitt Clarke）援用國際救助資源成立，並且在與加拿大籍宣教士微勞士（Verent J. Mills）的共同努力下，於1945年為止，已在中國成立四十二所育幼院，透過培養自立生活能力的方式來照顧諸多失依兒童。

不過隨著當時大陸局勢的風雲變化，且中國兒童基金會的服務範圍已經擴及歐亞兩洲的許多國家與地區，因此為符合基督教創會精神與國際非營利組織屬性，於1951年正式更名為「基督教

兒童福利基金會」（Christian Children's Fund, CCF），並保留
CCF簡稱。此後，其服務觸角也隨著國民政府，延伸至台灣。而
最早的服務，即是融合前述育幼院服務的工作經驗，以有別於軍
事化管理的家庭式教養制度（Cottage System Plan）成立「光音育
幼院」。

　　所謂家庭式教養制度在讓有需要接受安置服務的弱勢兒童，
於機構生活中，仍可以擁有類比家庭環境的感受，如家庭式生
活、保護個人隱私空間，以及固定依附對象等。而持續從這個階
段開始，直至1980年代，連同自辦及輔助的育幼教養機構，家扶
基金會合計幫助十三個育幼院，照顧數以百計的孩子。

　　綜上討論，家扶基金會一則透過提供安全、穩定可以滿足基
本生活條件的庇護空間，替代家庭系統功能上的缺陷；二則了解
這群兒童過去的生命經驗，看顧其健康心理與情緒發展問題。可
以見到家扶基金會在這個時代的服務，在協助弱勢兒童因應充斥
戰亂、飢餓與分離氛圍的鉅視環境，替代原生家庭無法提供基本
生活上的照顧；及以具有「復原」（Resilience）概念的微視服
務，提供受助兒童重塑生命歷程中所缺乏的安全依附經驗，進而
激發其逆境向上的自我潛能。

## （二）1960年代：貧窮弱勢家庭與兒童的照顧——聚焦於濟
## 　　　弱扶傾的資源合理分配

　　在台灣經濟發展初期，國家整體固然開始累積、厚實未來持

續發展的經濟資本,但一般民眾尚無法立即分享到社會經濟成長所帶來的美好果實,因此有許多家庭仍處於赤貧的生活樣貌。此現象亦如同其他已開發先進國家的早期發展歷程。

兒童發展深受成長環境因素影響,這不僅是社會科學的認知,也在近代生命科學上獲得證實:生物學家透過外遺傳調控機制的研究結果,說明環境與生命經驗對基因活性會帶來深遠影響[2]。諸多實證研究「貧窮」引致的弱勢生活條件,是讓兒童處在一個多元不利經驗的環境,包含在社會、情緒及認知上產生不良影響,導致落入貧窮的孩子較易有身體、情緒、行為,以及學習上的問題(Secombe, 2000;Sherman, 1994)。

有鑑於此,政府部門於1959年開始推動貧苦兒童家庭補助制度,持續自1961年起實施兒童家庭補助制度,凡是列為低收入戶者,每一兒童都可以領到兒童津貼(林勝義,2002)。不過以金錢補助為主的協助方式,對於有效改善前列諸多負面影響,其實是極為困難的。而且即便有所助益,多半也是間接協助。所以,非營利組織在這個問題上,就可以發揮非常大的補充功效。

家扶基金會在這個階段看見育幼院式的照顧型態,實不足以涵蓋所有貧弱家庭與兒童的需要。況且,假若原生家庭仍有功

---

2 美國紐約西奈山醫學中心的佛利曼腦研究中心主任——內斯特(Eric Nestler)教授於2012年2月份的《科學人雜誌》上,發表一篇關於外遺傳學的探討。他從許多研究發現中指出:「生活經驗會增加或減少染色體上的外遺傳標記,因此影響精神疾病發病情形。而這些標記內含的化學分子會影響基因活性,卻不會改變基因訊息。」洛克斐勒大學的艾里斯(C. David Allis)教授則是替這些外遺傳標記取了容易理解其影響的名字:「寫手」與「橡皮擦」。環境可以透過調節寫手和橡皮擦的行為,控制外遺傳標記與染色體結構,進一步影響基因的活性。而大部分的標記會存在數個月至數年,甚至是與個體共存一輩子。

能，卻僅因經濟因素而被迫分離，更違背兒童成長權利[3]。因此於1964年起，引進韓國行之有年的「家庭扶助制度」[4]，並透過美國及加拿大認養人所提供的社會資源，每個月以定額的金錢予以協助。此外，家扶基金會的工作者也提供個別會談、醫療補助、課業輔導、休閒育樂活動、團體以及營隊活動等，來幫助貧窮家庭的兒童有常態生理發展、心理健康情緒、正向認知與行為特質，進而有機會追逐自我實現[5]。

而後，為避免長久仰賴外援，也引導台灣社會公民大眾關照弱勢家庭與兒童，家扶基金會積極邀請社會公民直接參與家庭扶助制度，透過捐款成為貧弱兒童的認養人（圖1為家扶基金會近十年認養人人數趨勢圖）。不過，在邀請台灣民眾成為貧童認養人的工作，最初並不容易，持續再藉由電視及平面媒體的宣傳，以及號召地方仕紳籌組「扶幼委員會」的志願者組織，使此項工作逐漸受到關注與迴響。至1985年底，台灣境內超過兩萬個貧童全面性的獲得國內認養人的援助，這正式宣告家扶基金會告別國外援助時代，也印證國內整體經濟環境的進步，以及率先在經濟發展歷程中取得富有果實的社會公民，有一個實踐助人良能的機會，達到社會資源流動與濟弱扶傾的效益（圖2為家扶基金會近

---

3 1959年聯合國通過兒童權利宣言，於第六條內容中明訂「……兒童應在其父母照料及負責下生長……，除特殊情形外，不得使其與母親分離。」

4 家扶基金會雖自韓國引進「家庭扶助制度」，但持續因地制宜的進行調整，而整體工作內涵與美國1996年推動的AFDC（Aid to Families with Dependent Children）政策，以所得維持、建構家庭經濟安全的核心概念相仿。

5 家庭扶助方案為家扶基金會之核心服務，累計至2012年11月底，已扶助貧困兒童的自立人數正式超過17萬6千人。

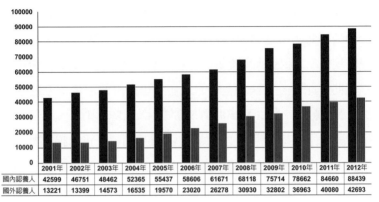

| | 2001年 | 2002年 | 2003年 | 2004年 | 2005年 | 2006年 | 2007年 | 2008年 | 2009年 | 2010年 | 2011年 | 2012年 |
|---|---|---|---|---|---|---|---|---|---|---|---|---|
| 國內認養人 | 42599 | 46751 | 48462 | 52365 | 55437 | 58606 | 61671 | 68118 | 75714 | 78662 | 84660 | 88439 |
| 國外認養人 | 13221 | 13399 | 14573 | 16535 | 19570 | 23020 | 26278 | 30930 | 32802 | 36963 | 40080 | 42693 |

＊2012年資料統計至11月。

## 圖1：家扶基金會近十年認養人人數趨勢圖

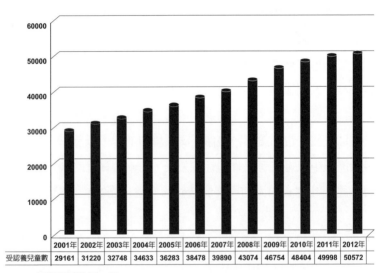

| | 2001年 | 2002年 | 2003年 | 2004年 | 2005年 | 2006年 | 2007年 | 2008年 | 2009年 | 2010年 | 2011年 | 2012年 |
|---|---|---|---|---|---|---|---|---|---|---|---|---|
| 受認養兒童數 | 29161 | 31220 | 32748 | 34633 | 36283 | 38478 | 39890 | 43074 | 46754 | 48404 | 49998 | 50572 |

＊2012年資料統計至11月。

## 圖2：家扶基金會近十年台灣受認養兒童人數表

十年台灣受認養兒童人數表）。

　　不再仰賴國外援助資源之後，關於台灣社會資源流動的方向，除了前述對於國內的援助外，家扶基金會也自1987年導引這些善心資源進入海外貧弱國家與地區，正式開辦國外兒童認養工作。截至目前，透過家扶國際聯盟組織[6] 已在三十五個國家提供援助服務，並於蒙古國及吉爾吉斯共和國成立直接服務據點。

## （三）1980年代：兒童保護工作的濫觴──關注無聲受害者

　　當社會總體經濟環境抵達一個較高水平時，赤貧樣貌的經濟弱勢家庭也會隨之減少。但取而代之，另一個圍繞著兒童的議題是：兒童是否受到適當對待。從實務觀察，相較於成人，兒童屬於極端弱勢的一方，當受到強勢者壓迫時，容易成為無聲的受害者。如1984年解除報禁之後，媒體上雖已開始出現兒童虐待或遭受嚴重疏忽的新聞，但一般大眾普遍視其為偶發事件，又或者是單純的子女管教議題。

　　然而，對於家扶基金會而言，社會應該予以主動關注，以保障兒童生存與健康成長權利。因此，自1987年的7月至12月之間發起一項全國性的工作，由各地家扶中心蒐集當時兒童虐待新聞

---

6 家扶國際聯盟（ChildFund Alliance）是一個以全球弱勢兒童服務為核心的國際組織。目前聯盟共有十二個會員國，包含：美國、澳洲、加拿大、丹麥、法國、德國、愛爾蘭、日本、南韓、紐西蘭、瑞典以及台灣，一同在五十五個國家境內提供貧困家庭與弱勢兒童各項扶助服務。2012家扶國際聯盟董事年會於11月在台灣舉辦，行程中安排與馬英九總統會面，說明台灣及家扶國際聯盟在全球弱勢兒童的援助工作。

的相關簡報。經由統計才赫然發現，僅是六個月之內，竟有682件兒虐案例。因此，面對這生命攸關、刻不容緩的兒童福利議題，家扶基金會自1988年起，訂定出兒童保護的五年計畫，以逐步建構起兒童保護網絡，提供受虐兒童即時救援與輔導服務。

我國有關保護受虐及受疏忽兒童的律法條文，如通報、安置保護、監護權轉移及主管機關權責等，是在1993年《兒童福利法》修正之後，才正式納入（彭淑華，2006）。此後，在法源依據之下，政府開展出兒童保護的三級輸送體系：（1）初級預防，係針對一般大眾進行教育宣導，以改變社會觀念與認知，強化社區的兒童保護意識；（2）次級預防，以高風險家庭為服務對象，增加專業人員對於有落入高危險之虞的兒童少年，有更高的敏感度，希望能即早介入，防止兒童虐待事件的發生；（3）三級預防，針對已經發生兒童虐待事實的家庭提供協助與治療，將相關人受傷害的情形降至最低（黃碧霞、林資芮，2007）。

對弱小者的保護是王道精神中的重要內涵之一。如前段說明，在政府正式投入資源關切兒童保護工作之前，非營利組織可說是積極的先驅者，提醒政府及社會如何正視這個問題。但受虐兒童獲得救援之後，亦或者是經濟弱勢家庭的孩子需要短期替代性照顧之時，該何去何從則又是另一個亟需解決的重要問題。所以，家扶基金會亦首先於國內，自1977年起，邀請當時任教於美國印第安那中央大學的藍采風教授回國講授家庭式寄養服務理論（王明仁等，2010）。此後，陸續於各縣市推廣家庭寄養服務，讓國內因家庭發生重大變故，或者是遭遇不當對待的兒童，獲得

一個具備家庭功能與溫暖的替代性照顧服務。截至目前，家扶基金會接受政府寄養業務委託量持續仍占全國服務超過90%的比例。

　　包含寄養家庭照顧工作都係屬兒童保護服務工作的一個環節，持續在進入21世紀的第一個十年，家扶基金會有感於不去剝奪受虐兒童對於原生家庭的依附，而是可以安全的在原生家庭接受照顧，是當代兒童保護工作的理念趨勢。因此，自美國加州橘郡導入兒童保護創新的工作方法——Wraparound（中文譯名：用愛包圍與你同在方案）：透過自然不強迫的方式，提供家庭個別化處遇與彈性多元的支持性服務，促使兒童可以在原生家庭內有正向、健康的成長機會。同時，這也反應在檢視受虐兒童問題時，所看見的不再只是施虐者的行為問題，更看重其行為背後的需要。實務上，許多發生虐待事件的家庭，背後潛藏的是極為弱勢的生活條件。

## （四）2000年：兒童發展需求的全面關注——實踐平等對待價值

　　時序來到現代，台灣深受到全球化影響，在經濟層面，面臨大量製造業外移以及世界金融問題的連動影響，許多人一夕失業，家庭頓失收入來源；在人口結構層面，外來移民與台灣民眾共組的家庭及其子女，往往成為社會底層的弱勢族群。此外，在貧富差距持續擴大的背景下，家庭對下一代的培養，存在以資產

多寡為主要影響因素，而社會階層之間，變成由上而下的單向流動。貧窮的代間遺傳幾乎要成為不可撼動的常態。

在解讀貧窮或者是弱勢者所處的情境上，晚近經常運用社會排除的概念。它呼應了前段所提，說明貧窮、弱勢不只是相對的，更是累積的，許多實際情境是上一代的資產無法支持下一代的地位維持。同時也會隨著上一代的社會經濟環境變動，而耗空資產，使下一代的社會排除現象更為明顯。社會排除是多面向的，除了低所得與失業之外，包括了就業機會、健康維持、社會團體參與，乃至於公民權利等[7]。

為了能夠有效關懷、因應貧窮與弱勢者問題。家扶基金會自2005年起採用Michael Sherraden強調「資產累積」（Asset Building）的策略發展三項脫貧方案，分別是針對學習發展黃金階段的學齡前兒童；最有能力可以帶領原生家庭脫貧的大專青年；以及家中主要生計者的家長為對象。在方案內，家扶基金會與參與者共同制訂明確的財務、人力資產累積目標，搭配量身打造專屬課程，以及體驗式的行動，來深化學習成果。同時安排同儕團體，形成人際資本網絡，相互打氣與支持。

此外，優勢（strengths）與充權（empower）則是貫穿所有方案的核心內涵。在優勢觀點中，我們重新看待服務的對象，認為受助者雖遭遇貧窮或其他弱勢問題，但並非病症。事實上，透過學習、成長與改變，潛能的引導與發揮，就可以有能力完成對

---

7 家扶基金會（2010），《啟動愛的循環：脫貧方案五週年特刊》，台中：家扶。

自己有益的行動（Rapp, C. A., 1998）。而在充權概念上，則是讓受助者明白自己有權力、有力量，改變所在的處境甚或是階級（趙雨龍等，2003）。當自尊、自信得到提升，自我能力與自我控制獲得增強與改善，那麼就有能力挑戰社會上的不公義，改變原本以為再也不可能突破的生活樣貌。如此，在方案中獲得實際資產累積，透過學習課程得到成長，以及覺察本身優勢，增強改變動機與自我權能，受助者終可累積脫貧所需的能力，阻斷貧窮的不良影響，進而可致脫貧結果。

持續在脫貧方案的知識、方法基礎上，從2008及2011年開始，家扶基金會分別以社會企業模式（Social Enterprises model）與鄉村銀行（Grameen Bank）微型貸款創業模式，作更進一步的服務方案規劃。其中，鄉村銀行微型貸款是諾貝爾和平獎得主尤努斯（Muhammad Yunus）在社會公義的一種具體實踐。家扶基金會以其概念，因地制宜的依據台灣經濟弱勢家庭實際需求，發展適切於本土實施的弱勢者就業維護與創業方案。同時在方案實施前，導引企業參與，協助其有效落實社會責任（Corporate Social Responsibility），更為多元體現公義價值的方法。另此類型服務可以達到的目的，在積極協助弱勢者重拾生命尊嚴，在社會資源協助下，可以獲得真正公平的機會與條件來面對現實環境的挑戰。

## （五）以宗教慈善關懷為起點，與時調整的社會關懷策略

Rawls在1971年所著的《正義論》中提出：機會平等原則及差別原則。此意即「各種職位和地位應在公平的機會平等條件下對所有人開放，且他們應該讓社會中最劣勢（least-advantaged）的成員獲得最大好處」（黃源協、蕭文高，2006）。綜合前段論述，無論是政府單位或者是非營利組織都必須是在衡度社會文化背景及政經條件後，才能夠制訂適宜的弱勢者扶助工作策略。家扶基金會由外國的基督教宣教士以宗教慈善精神對戰亂兒童提供服務為起始，展開一連串的社會關懷。而隨著社會環境的轉變，家扶基金會目前對於弱勢者的關懷包含替代性（substitutive services）的安置服務，保障弱勢兒童的生存權利，並在參照社會背景以及弱勢者需要的情況下，發展出各項支持性服務（supportive services）與補充性服務（supplementary services）。同時更為重要的是，家扶基金會積極引導社會公眾的個人助人價值以及企業的社會責任進行社會關懷，有效且合理的分配社會資源，創造出一個包圍有適切資源與關愛，對於弱勢者真正公平的社會環境。

## 三、家扶基金會服務管理與王道文化

自1970年代，家扶基金會不再倚賴外援於台灣服務之後，在組織運營及管理上，著重的不是以既有資源多寡，來衡量服務提供的範圍大小。相對的，以強調服務是否能夠到位，每一位有需

要的兒童是否已經獲得幫助，作為組織願景與使命。並且以此成為組織形象與服務品牌的基礎，爭取社會公眾肯定與捐款資源的投入。這與王道文化中重視「內聖外王」，強調仁愛為先、以德服人的精神不謀而合。

然而，如同前段討論所陳，在跨入21世紀的第二個十年，外在環境的挑戰更是嚴峻。作為一個關注兒童福利的非營利組織，家扶基金會看見更多弱勢者的需要，除了持續關懷貧窮兒童成長與發展的問題外，還包括日趨嚴重的青年就業議題，弱勢家庭家長的中年失業與低所得現象，重大天然災害後社區與原鄉部落的重建需要等。同時，這些問題不僅發生在台灣，也在諸多第三世界國家與地區時刻不斷地上演著，特別是霸道強權者對於弱勢者有形自然資源的侵占，以及無形生存機會的剝奪等。有鑑於此，家扶基金會嘗試透過更有效的管理，來極大化組織服務能量，以幫忙更多有需要的兒童與家庭。

首先在組織領導上，持續強調「服務願景」（Vision Leadership）的重要性，讓服務先於組織發展的各項議題。在策略上，不僅以此凝聚組織內部共識，也積極對外倡議，喚醒社會公眾對於社會弱勢者的關注；其次，重視創新（Innovation）與研究發展精神，除設置專責研究部門外，也將創新精神納入組織年度重點工作，鼓勵每一位工作者，思想如何以整合、效率、節能與永續的方式，更擴大組織服務範圍；第三，以合作精神來積極拓展海外服務，特別是前進台灣服務鮮至之處。如前述，家扶基金會在2012年正式於中亞的吉爾吉斯共和國提供直接援助工作，即整

合內部資源與經驗外，對外連結國內外資源，並且充分與當地非營利組織、基督教宣教單位一同工作。

最後則是「品牌」（Branding）的重視。家扶基金會在品牌維繫的策略上，緊扣著前述組織服務願景，不以訴求高曝光的媒體形象為主要考量，而是透過直接服務量能作為維繫品牌能見度的策略。因此，除各項常態服務之外，還包含承接公部門幾項重要的福利服務事務：例如開放予公眾諮詢社會福利的1957福利諮詢專線，以及引導莫拉克風災重建工作的生活重建中心巡迴輔導專案業務等。此工作策略有效讓家扶基金會透過捐款者及受服務者的口碑代為品牌行銷，並回饋在許多捐款者願意長期協助服務的推動。而受服務者願意在其脫離貧窮之後，主動參與家扶基金會的工作，形成愛的循環。

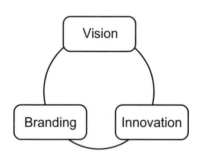

**圖3：家扶基金會服務管理三大元素**

## 四、以公義價值為基礎，為弱勢家庭與兒少照顧持恆努力

　　美國右派著名學者Charles Murray認為「每位社會公民應有與他人同等生存機會」的概念，應是普世價值，但卻是社會公義最低限度的命題。家扶基金會所關心照顧的兒童，有許多是因為缺乏生活所需物質與服務，感受到「剝奪」（Deprived）；有遭遇因不利家庭背景、社會階級，而處在「排除」（Excluded）情境的；以及無力對抗環境中各種威脅的「脆弱」（Vulnerable）條件者。

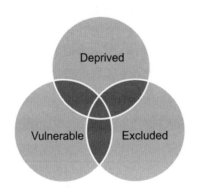

　　因此，作為非營利組織的能力與角色，針對受到剝奪、遭遇社會排除，處在脆弱生活條件的兒童，提供包含經濟、教育、文化、健康和休閒等各項生活需求的服務，在其遭受不當對待時，給予及時且必要的協助。同時，規劃包含資產累積，就業或創業

自立等策略，協助弱勢家庭累積、培養自己的能力，創造脫貧機會與提高遠離弱勢的可能性，這均是從消極性邁向積極性的扶助模式，亦同印度裔諾貝爾經濟學者Amartya Sen以「能力取向」（capability approach）作為最適脫貧方式的論述。

王道文化強調社會關懷，特別在弱勢者的協助上。綜整本文，可以理解在公義價值下，非營利組織係在募集與凝聚社會公民力量，透過彈性、主動、創新的組織特性，亦步亦趨的支持與補充政府對弱勢者的服務，或作為相關政策提醒的倡導者，以及嶄新工作方法的開創者。不過，無論是政府抑或是非營利組織，如何扮演弱勢兒少及其家庭的扶助者角色，必須是持恆且全力投入的，但一個關鍵且必要條件則是，要有更多社會公民與企業組織的投入。因為如若沒有眾人參與，就不可能有足夠力量來實踐真正具有社會關懷的公義社會。相信這也是本次研討會，一個重要的社會教育目的。

# 參考書目

王明仁等（2010），《兒童福利的實踐者——家扶基金會60年行腳》。台中：財團法人台灣兒童暨家庭扶助基金會。

王明仁等（2010），《啟動愛的循環：脫貧方案五週年特刊》。台中：財團法人台灣兒童暨家庭扶助基金會。

林勝義（2002），《兒童福利》，台北：五南。

黃源協、蕭文高（2006），《社會政策與社會立法》。台北：雙葉書廊。

黃碧霞、林資芮（2007），〈我國兒童保護措施之現況與發展〉，《兒童及少年福利期刊》，11，頁1-20。台中：內政部兒童局。

彭淑華（2006），《發展兒童及少年保護個案家庭處遇服務模式之研究》，內政部委託研究報告。台中：內政部兒童局。

趙雨龍、黃昌榮、趙維生（2003），《充權——新社會工作視界》。台北：五南。

Murray, Charles, (2006), "A plan to replace the welfare state," *University of Wisconsin – Madison Institute for Research on Poverty*, Vol. 2, pp. 1-5.

Nestler, Eric, (2012)，〈大腦的基因開關〉，《科學人雜誌》，120，頁49-55。

Rapp, C. A. (1998), *The Strengths Model of Case Management*. New York: Oxford University Press.

Sherman, A. (1994), *Wasting America's future: The Children's defense fund report on the costs of poverty*. Boston: Beacon Press.

Secombe, K. (2000), "Families in poverty in the 1990's: Trends, causes, consequences, and lessons learned," *Journal of Marriage and Family*, Vol. 62, 1094-1113.

# 第十一章　社會關懷、快樂生產力與王道文化之實踐

陸洛、許伊均

台灣大學工商管理學系

## 一、霸道殞落，王道再起

　　整體而言，台灣產業的發展相當集中在勞力密集和外銷出口的產業上，很大程度受到國際政治經濟環境變化的影響。為了迎接新時代的挑戰與維持國家競爭力，台灣自當設法躋身於競爭激烈的國際社會中，遂使台灣邁向自由化、國際化與全球化，以全球布局的企業規模和產業型態儼然成形。換言之，企業之間競爭的層次隨之躍升至「全球」的平台上，並強化了企業對市場的擴張、流通和消費的需要，因此更加速了商品、服務、資金、技術，甚至是勞力的跨國流動。

　　然，值得注意的是，涉足在西方優勢的市場環境中，風險亦乘隙而生，儘管不滿西方霸權在世界各角落喧騰高漲、宰制的自滿心態，卻又向其看齊，亦步亦趨，急於趕超西方先進之列，西方價值大行其道。甚而，從全球性的經濟衰退、金融危機、歐債風暴、資本主義盛行及反資本主義的浪潮中，更喚醒了我們對西

方社會企圖落實的經濟法則提出根本的質疑。如此追求自由、權力，攫取名利權位之際，到底為社會形塑出什麼樣的工作文化與生活概念？當社會已難以「安身」，又遑論「立命」？是此，台灣所需回應的問題，不單只是社會經濟的失序和衰退，它更象徵著社會失序背後，整個人生觀、世界觀、價值觀的改變，社會已然失去了安身立命的價值典範，此對人性的戕害遠勝於一切。這不僅衝擊了個人心理的穩定感與安全感，也破壞了社會的勞動倫理，人成了追求目標的手段，腐蝕了維繫公民意識所需的團結與社群感。因此，要回應此時代的課題，不應只從體制層面的弊病和危機來反省，而更須深究與反省此體制背後所預設的種種精神內涵，由此才能徹底地回應問題的本質。

西方挾其資本主義、自由主義與科學理性橫行世界，將己置於世界「先進」之水準，自恃其文化、歷史、知識體系與社會制度，冠上「主導全球」的權力地位，以一股趨向無限的權力意志，不斷向世界擴張、超越，隨之而來的是擠壓、宰制、漠視與之不同的其他標準，導致了不平等的二分對立，如：西方與非西方、先進與落後、地方與全球、低劣與優等之分別，在在都強化了階級分群所衍生的不公不義，合理化了「零和」遊戲的侵略性、割裂與壓制。反觀，中華文化之本質，強調的是多元性的和諧與整個文化的結構秩序和平穩，嚮往的是「天下大治」，側重相對之間的平衡，而非擴張。至此，面對西方之特定價值體系的宰制與內化，所涉及之範疇，已非僅止於經濟生存的問題，還涵蓋到政治發展、社會正義與文化價值等其他重要層面。面對日益

加深的失衡、對立與矛盾，我們需要的是超越「以我為主」的輸贏之爭，跳脫東西文化價值的分野與族群之間的歧異，以「相互主體、互補交融」的視角，重新審視各種價值體系，對不同觀點產生思辨與欣賞，強化相互尊重的基礎，重現多重性、多樣性的文明修為。

　　華人社會一直深受儒家思想的影響，尤以孔子的「仁學」影響至深且鉅。孔子所倡導的「仁學」，不僅止於個人內在德行、道德理想之提振與覺醒，更意涵向外感通，潤人與潤物的實踐，即格物、致知、誠意、正心、修身、齊家、治國及平天下，逐步擴展，以達致「己立立人、己達達人」的境地。此之自我實現即是「內聖外王」的品格展現，一種理想人格的至善實踐。奠基於此，仁學的體現亦在「關係」中存有，尤其注重人與己（慎獨）、人與人（五倫、愛人以德）、人與物（愛物）、人與自然（節用）、人與天（知命）等各種倫常關係的和諧。是此，人即是在各種關係中邁向完整的人。

　　時至孟子，其將孔子之仁心仁性加以深化開展，甚而提出仁政王道的政治哲學。仁政王道之精要，首先，藉由仁的正當性，將仁心與權位結合，強調聖君能以仁為己任，以仁來行「權」，以「以德化民」的權威來取代「挾權倚勢」的霸權。次之，尊崇民本的精神，發揮仁的效用價值，提倡保民、安民對於社會安定的功能，誠如孟子所言：「養生喪死無憾，王道之始也」，並由此導引出社會階層之間相互的關係和責任，「勞心者治人，勞力者治於人；治於人者食人，治人者食於人」。最後，王道仁政的

興起，更體現出理想美善與現實時勢之間權衡調處之道，在追求現實權力與利益的時世裡，若僅以理想、良善為口號呼籲，誠然不易為世所用。是此，在與社會現實相互對應的基礎上，主動回應時勢的挑戰，王道之學應運而生。

「王道文化」之所以仍具重要的現代價值，乃因其兼備了道德價值與社會效用，同時也充分體現出「多元一體、和而不同、休戚與共」的自然秩序，揭示了對立面常是一體兩面的統一性，既關懷群體福祉，也尊重個人幸福，惟追求局部利益不能危害全體之福。這對今日經營管理、人際合作、營利創造、各行各業之間的和諧共榮，都具有振聾發聵的作用。故，重「實踐精神」，並以「生命安頓」為核心關懷的王道文化，足以成就危難時代的諾亞方舟。

## 二、王道文化在現代企業管理之實踐

如前所述，挑戰西方霸權的宰制與影響，非表示一味否定摧毀某方的價值，來鞏固另一方的存在，或汲盼於下一個強勢力量的崛起，來扭轉局勢，而應在尊重多元、超越分歧的前提下，締造互惠共榮的發展願景。現在，我們將視野拉回至國內企業之管理實踐，面對如此詭譎多變的國際情勢，當如何在相互競爭的失序中建立新的平衡與重新定位，實需深思。有鑑於此，本文將王道文化奉為圭臬，論述如何塑造和諧溫潤的企業文化，尊重多元人力資源，以創造企業、員工與社會多贏的局面。

## （一）創造職場和諧，多元發展人力資源

由於科技與資訊的快速進步與更新，使得產業的擴張與變遷加速，資本的跨國界流動更是蔚為風潮。為增進人力管理的機動性，工商業界紛紛大聲疾呼應加速勞動市場的彈性化。如此一來，企業雖能從各地延攬優秀人才，提高人力運用的靈活性，但也須因應勞動市場的組合漸趨多元之後，如何在不同世代、性別或種族的多元組合底下保有內部一致的和諧，這成了企業在人力資源管理上的一大挑戰。其一，勞動人口的配置因之彈性化，就業結構也因之改變，如：「非典型聘雇」的比例大幅提升，或同一工作之薪酬水準、安全保障的差異增大。不可避免的，低勞動薪資與不穩定的雇傭關係已然形成，導致勞資關係的失衡衝突、勞資爭議的頻繁不斷，反使隱性的人力成本不斷攀升，企業形象受損的風險增加。其二，就人力發展趨勢而言，青年投入的勞動力呈下滑趨勢，勞動力老化是近年來漸趨明顯的現象[1]，有效生涯年限拉長，因此，中高齡勞動力的運用，旋即成為人力資源管理的重點輔導。其三，台灣產業的轉型，如：服務業的蓬勃發展、知識工作者的興起，拓寬了女性的就業領域，也帶動人力雇用的需求增加，有利於女性投入就業市場，惟與先進國家的女性勞參率相比較，台灣女性的勞參率仍略顯偏低，突顯了這塊潛在

---

1　行政院主計處針對國內就業人口結構的調查顯示，青少年（15～24歲）所占比例於二十年間呈下滑趨勢，中高齡（45～64歲）所占比例則從1999年後快速上升至2009的33.34%，顯示此年齡層的就業者持續增加中。

人力資本被浪費、閒置的事實。

　　承上所論，台灣企業應針對中高齡人力和女性的就業機會，予以開發和善加規劃，必須致力於思考如何整合與創造工作機會，增進多元人力的有效發揮，以達人盡其才之目標。誠如孔子思想的要旨——「成己成物」，人人能合理回應其應有的責任與義務，為其本質做出完善的發展，同時也充分盡其一己之力來成就社會存在之所需。企業的責任亦復如此，企業也是社會的一個重要組成部分，作為一個對社會有用的企業，在創造經濟效益與賺取利潤的同時，尚須履行對員工、社會和環境的社會責任，取之社會，用之社會，更應為社會提供必要的服務與貢獻。據此，企業在人力資源的管理措施，應汲取孔孟「民本精神」，形塑尊重人才、尊重專業、任人唯賢的管理風氣。

### 1. 打造無歧視、重平等的工作氛圍

　　企業若能摒除中高齡人力、女性的就業障礙，營造友善的工作環境，不但能激勵員工自我實現，提高對企業的貢獻價值，也有助於提升企業的形象，吸引潛在優質員工的投入參與，讓組織有更寬裕的遴選空間，裨益其人力運用的契合性和多元性。是故，從甄選任用、僱傭制度、工作設計、晉升拔擢、薪酬福利及培育等層面上，確實落實程序的公平性與客觀性，消弭對中高齡人力與女性的刻板印象與偏見；其次，公正執行員工的貢獻管理，授予恰如其分的回饋與發展機會，破除不平等的資源分配；再者，藉由宣導、樹立典範楷模，或透過團隊工作促進員工間致

力於共同目標而合作互賴，減少刻板印象與歧視，營造平等的互動氣氛；同時，建立申訴與諮詢管道，加強員工之權利意識，幫助其充分了解自身的權益，並感受到企業對其的關懷與尊重，方能促進員工對企業的向心力。

## 2. 建立知人善任、互信互重的人力管理

　　台灣社會人口高齡化及家庭核心化之趨勢日益明顯，中高齡和女性勞動力的就業需求與日俱增。是此，企業可善用衡鑑工具（如：心理測驗）、工作行為與工作績效等評鑑方式，了解中高齡與女性員工的個別需求、能力、價值觀和興趣，給予適性、彈性的工作安排與職訓課程，方能增進中高齡與女性員工的貢獻度，以收「各得其所，各安其位」之效。例如：中高齡的勞動力具有高度的使命感、配合度及較豐富的工作經驗，且秉持的工作態度與價值觀亦與社會主流思想較為契合，更能回應社會之所需。因此，企業可主動強化資深員工的再訓練、工作輪調或引荐其進入高層職務的機會等，能有助其在學習、成就感與自尊等方面獲得滿足。另方面，在產業變遷與教育普及的帶動下，女性勞動力的崛起，在質與量皆有大幅提升的現象，這亦為新興的服務業注入了一股珍貴的人力資源。故而，企業應多鼓勵女性二度就業，如：安排職場導師協助其發展工作技能，增進自我效能，或導入多樣化的訓練來擴展技能，增進女性勞動力的機敏性與應變性，或提高工作內容的自主性與彈性，幫助其平衡工作與生活，促進女性就業的續航力。

## （二）打造幸福企業，用微笑戰勝壓力

　　探究現代生活型態底下員工的內在精神生活，例如：在錙銖必較的競爭中，竄升機會渺茫，既找不到自己的興趣、志向和能力所在，每天又陷溺在例行事務中瞎忙，對工作感到乏趣與無意義感，焦慮感逐年上升；或沉溺在物慾的追求，雖能獲致短暫的亢奮與滿足，但隨即陷入「役於物」的自我疏離，人成了追求目的的手段，致使對生活感受的空洞化、鈍化。是此，對員工而言，「幸福」究竟是什麼？又該如何獲得幸福呢？什麼才是值得嚮往的人生？

　　回應時世的挑戰，孔孟思想所樹立之人生觀，仍具有積極的啟迪作用，誠如孔子所指，「我欲仁，斯仁至矣」，當人的本性本心能在具體的生命中有得宜而完善的表現時，生命自然有一種深刻的喜悅。易言之，快樂即是體現「仁心」的自律與自足。上述要義也與正向心理學的宗旨——向善向上之發展，不謀而合，提倡快樂是來自正向特質、長處與美德的實踐，協助個人、群體和組織發掘潛在的優勢，清楚了解自己所能著力之處何在，個人可以面對困難、抵抗挫折、掌控逆境，並持續使內在優勢朝向最佳化發展。

　　只是，過去針對企業組織的發展與研究大多側重「解決問題、匡正弊端」，明顯忽略了企業的正面優勢。而正向心理學的興起，正好提醒了我們，「消除負面」並不必然能「創造正面」的效應，解決問題固然重要，但建構正向組織則更具建設性、前

瞻性及積極性價值。正向環境的營造能激勵員工正向特質的發揮，產生正向經驗。當員工擁有愈多的正向經驗，愈能增加個人正面信念，以適應未來各種挑戰。再者，友善的工作環境有助於正向情緒的產生，正向情緒具有擴張思考廣度的效果，能激發員工有更高意願去學習新技能、展現創新，提出開放性的因應策略來解決問題，不僅對工作表現具有正面助益，同時也能讓個體主動融入環境，參與事務，逐步累積個人資源（如：同儕支持、成功經驗），作為未來抗壓的緩衝機制，減緩壓力所引發的負面衝擊，幫助員工及早恢復原本的身心健康。

顯然，正向組織能激發員工產生正向期望與正向情緒，進而產生較佳的工作表現，增加個人資源，這樣的正向經驗又有助於下一次面對環境的挑戰。因此，企業應主動著手建造一個能令員工「幸福」的環境，例如：實施「人性化」的工作規劃，不論是任務指派、工作時程的安排及工作量的調整等，都能尊重員工的意願和保障工作權益，同時貫徹授權授責的自主性，讓員工更願意為組織效力投入；或建置「開心」的工作環境，規劃員工交誼廳，提供一個輕鬆、愉快的休憩空間，讓員工在辛勤工作之餘，可以忙裡偷閒，恢復疲乏；或推廣「關懷」文化氛圍，營造一個相互尊重、信任的工作環境，使員工保有尊嚴與自信；或促進「親善」的工作關係，鼓勵主管與部屬間、員工間的相互關懷、互相照應，建立合作共存關係。

誠如，前述提到員工的精神生活日益脆弱，工作壓力有增無減，企業可以適時提供協助，幫助員工處理工作壓力，以員工輔

助方案（employee assistance programs, EAPs）為例，EAPs便是由企業發起用以促進員工身心健康的計畫。當前EAPs的落實與推廣，已從「補救」的角度，推進到積極的預防管理，一方面輔導員工處理既有的適應困擾，另方面引導員工發展出更為健康的心理與生活型態；在內容與服務形式上，亦漸趨多元，反映出企業對員工的關懷已從工作的相關表現，及至個人其他層面的關照（如：職家平衡、休閒活動與生活管理），同時也開始關切地域性的文化差異，給予個別差異的尊重。此外，考量不同職業的壓力差異，企業也可主動檢視自身產業生態對員工身心狀態的衝擊，如：產業特殊的工作環境、或任務屬性及變革重整等對員工工作壓力的影響，據之提供恰當的協助方案。

## （三）建構組織支持，厚植快樂生產力

職場生態瞬息萬變、競爭激烈下又逢快速擴張膨脹，企業難掩營運的瑕疵，因而陸續開始組織重組、凍結薪資、裁員或加重工作量等，漸致員工的工作滿意度下降、離職率攀升、工作壓力與日遽增，甚至因過勞透支而生病或死亡的事件，更是屢見不鮮。如此惡性循環，企業又怎能永續經營呢？其實，「水能載舟，亦能覆舟」正是企業與員工關係的最佳寫照，當員工的生活無法達到基本的安頓平安，對企業作為投下不信任票時，企業將難以立足於社會；反之，若企業能推己及人，善待員工的身心福祉，員工將視企業如己身而加以擁護和支持，並竭盡心力投入工

作，與企業榮辱與共、共體時艱，企業自然能永續長存。誠如孟子所倡導的「仁政王道」，側重「民本精神」的實踐與體恤，將「得其心」、「得其民」、「得天下」視為層層遞進、環環相扣的整體。時至今日，企業不應自限於「創富」之慾，更應力擔社會貢獻之責，樹立德善的典範價值。

## 1. 賦予「優質健全」的勞動條件

實證研究亦發現幸福感與工作績效之間有顯著的正向關係，當員工滿意整體的生活品質、幸福感愈高，其在工作上的表現愈佳。再者，尤當員工知覺組織給予的關懷愈多、重視其貢獻並予以回饋時，員工將持以「回報」之心，對組織產生責任感與認同感，更積極地努力工作，進而創造快樂生產力。易言之，愈快樂的工作環境，生產力愈高。爰此，企業之價值不僅止於提供工作機會，更應積極建造友善職場，提升員工的工作品質和心理福祉，保持企業的生產活力。

此外，高績效的人力資源管理已是企業競爭優勢的關鍵之一，企業可以提供適當的薪資與福利制度，讓其生活不虞匱乏，滿足安全需求；次之，對員工充分的授權與賦能，維持適度的工作挑戰與多樣性，讓員工盡其發揮潛能，將工作從「為生活而工作」昇華到「為工作而生活」，使員工的才能、努力和快樂轉成企業的成長來源；同時，由於勞工意識的抬頭與教育水準的普遍提升，故在勞動條件的規劃上，須與員工建立誠信的人際關係，讓員工感受到企業的誠意，並建立意見申訴管道，確保管理高層

與員工之間溝通無礙,多求得共識,減少因任意決定勞動條件而引發糾紛。再者,外在經濟景氣的循環、經濟政策的變化、勞資法規的制定修正等,也會影響到勞動條件的提供。是此,企業應將國家的整體政經利益納入考量,主動與政府協商溝通,以利於重塑勞、資、政三方權力平衡關係,匡正偏誤,增進三方和諧的互惠關係。

## 2. 提供「無後顧之憂」的支持政策

　　任何工作者都不能脫離其生活背景,其家庭、休閒與職業等角色相互交織影響,形成個人特有的生活方式。於是,工作之外的因素也可能直接或間接地滲透到工作中,影響工作壓力感受,且壓力本身又有加成甚至是累加的現象,任何一個潛在的壓力源都可能引發一連串其他的負向效應,如同現代員工幾乎都曾面臨兼顧工作角色與家庭角色的強大壓力,而常有工作與家庭彼此衝突、無法顧全的感受。針對這個現象,企業早已無法佯裝未察。至此,企業應體現出對員工之全人的關懷。

　　倘若企業能提供家庭支持方案,如:提供家庭取向的工作政策(如:彈性工時、工作分擔計畫、彈性的工作地點等),或與政府和民間機構合作,共同提升托兒服務、老人照顧的品質。一則可以減緩員工面臨的工作與家庭衝突,協助員工在工作與家庭之間取得平衡;二則對企業也有很大的裨益,員工的生產力將獲得提升,可以增進組織效率,實為一種「雙贏」的結果。況且研究也指出這類福利的提供和協助,其正向效益的擴散效果極為明

顯，甚至，員工對組織的忠誠度也因之而獲得顯著的提升。

再以海外派遣為例，隨著企業的國際業務不斷拓展，勞動派遣的市場日益擴大，從高科技產業到傳統的製造業、營建業，乃至會計、金融顧問業等，不分產業與職位前呼後擁，外派風潮方興未艾。但研究也指出外派失敗率約在25%至40%左右，在開發中國家的失敗率甚至可達70%。深究其因，一則可能是來自事前整備不足，員工準備度不夠，導致意願低落；二則與外派人員在海外工作面臨許多適應問題有關，如：異地的文化衝擊、配偶眷屬的生活安頓、隻身派任的生活安頓、政商應酬的壓力等挑戰。

國內的研究也發現台灣企業提供外派資源普遍不充足，且員工知覺重要的資源與組織是否提供之間確實有落差（李宛霓，2011）。此研究針對組織提供的外派資源與員工認知重要性進行現況檢視，由全職工作者先就組織外派資源進行重要性排序，再依組織是否有提供進行回答。依重要程度與有無提供，定義出四個象限：

（1）強化組：重要性高且組織有提供的資源，分別為「補助返國成本」、「金錢補助」。

（2）新增組：重要性高但組織無提供資源，分別為「提供回任員工相當的職位或升遷」、「提供家屬住宿、教育的幫助」、「特定補助方案（如：孩童出生、上學、長者安養、旅行）」、「協助員工及家庭返國」、「配置導師協助處理外派相關事件」、「配置導師輔導外派人員的職業規劃」與「完善的外派人員訓練計畫」。

（3）維持組：重要性低但組織有提供的外派資源，分別為「生涯發展前景的資訊」、「有發展性的派任機會」與「升遷機會」。

（4）不增組：重要性低且組織沒有提供的外派資源，分別為「公平且適當的遴選制度」、「幫助配偶找工作」、「提供家屬行前訓練」、「提供同鄉會等社會網絡支持」及「適當前置期」。

由此可知，台灣企業提供外派人員資源的完善度與適當性仍有待加強，亟需企業審慎規劃，組織應針對外派資源做最佳化的選擇與提供，以提升員工外派意願，例如：加強強化組與新增組的提供強度，確保提供的資源能有效符合外派人員的需求。而維持組，則可依組織內部資源多寡與分配狀況，微調或保持之。至於不增組，則可斟酌減少投入資源在其上了。是此，從外派人選的遴選到外派資源的規劃（如：生涯規劃的支持、導師制度、家庭支援與回任管理等），對成功外派而言都是至關重要的環節。此外，影響外派的諸多因素中，尤以外派員工的家庭適應最具挑戰，牽涉範圍較廣，對此提出下列幾點建議：（1）對長駐海外的外派人員而言，家庭成員的跟隨具有安定的效果，故企業可以協助關照家庭成員在海外的安頓與適應問題，如：住所的安置或教育補助等。（2）隨著國內雙薪家庭的比例增高，外派人員的配偶之職涯發展亦是企業應予以考量的重點，如：協助配偶在地進修或提供工作機會等，相信此能增進外派家庭的安定感，並提升員工之外派意願。

承上所述，企業在提供家庭支持政策時，首先須能排除個人偏見，信任員工，給予員工較大的彈性調配空間；其次，各項家庭支持政策的實行，並非適用於所有員工，故，應謹慎訂定政策，並輔以相關的配套措施（如：搭配績效評估、政策宣導與教育），以達實效；最後，企業可主動連結社會資源，如：經費補助、轉介與諮詢服務，以達事半功倍之效。

## 三、結語

　　縱使台灣經濟高成長的榮景已不復追尋，早先賴以成功的競爭優勢也逐漸消退，企業的經營規模雖日益擴張，但其所創造的經濟價值，仍遠不及因過度利益追求、過度競爭而造成的種種遺害。是此，援引孔孟思想做為企業生存之基德，盼能對企業產生啟迪鼓舞之作用。無論是「仁心王道」或「民為邦本」都絕非蹈空玄談，都是能在企業作為中步步實踐，充盡表現之，以臻達社會的和諧與共榮之目標。期許企業能以「仁」貫之，能經得起環境的引誘與試煉，永遠不會見利忘義，持之以恆，希望企業以「人」為本，能主動關懷隱身在大環境各行業裡的小小工作者，使他們能繼續為這紛亂的工作世界，湧現出更多元豐富的生命情懷。

# 參考書目

李宛霓（2011），《組織外派資源對員工外派意願之影響》。台北：台灣大學商學研究所碩士論文，未出版。

李誠、黃同圳、房美玉、蔡維奇、林文政、鄭晉昌、……、陸洛（2012），《人力資源管理的12堂課》。台北：天下文化。

林湘華（2004），〈從「仁心」到「仁政」──孟子對孔學「順勢以求生存」的歷史價值〉，《鵝湖月刊》，30 (3)，頁33-41。

林惠彥、陸洛、吳珮瑀、吳婉瑜（2012），〈快樂的員工更有生產力嗎？組織支持與工作態度之雙重影響〉，《中華心理學刊》，5 (4)，頁451-469。

陸洛（2012），〈海外派遣與全球職涯發展之新挑戰〉，《T&D飛訊》，144，頁1-29。

陸洛、高旭繁（2010），《人力資源管理》。台中：滄海書局。

陸洛、高旭繁（2012），《實用心理學》。台中：滄海書局。

陸洛、楊國樞（2005），〈社會取向與個人取向的自我實現觀：概念分析與實徵初探〉，《本土心理學研究》，23，頁3-69。

潘小慧（2001），〈邁向整全的人：儒家的人觀〉，《應用心理研究》，9，頁115-135。

國家圖書館出版品預行編目（CIP）資料

王道文化在21世紀的實踐 / 劉兆玄, 李誠主編. -- 初版.
-- 桃園縣中壢市：中央大學出版中心；臺北市：遠流,
2013.11
面；　公分
ISBN 978-986-03-8316-4（平裝）

1. 中國文化　2. 文集

541.26207　　　　　　　　　　　　　　102020507

## 王道文化在21世紀的實踐

主編：劉兆玄、李誠
執行編輯：許家泰
編輯協力：黃薰儀

出版單位：國立中央大學出版中心
　　　　　桃園縣中壢市中大路300號 國鼎圖書資料館3樓

　　　　　遠流出版事業股份有限公司
　　　　　台北市南昌路二段81號6樓

發行單位／展售處：遠流出版事業股份有限公司
地址：台北市南昌路二段81號6樓
電話：(02) 23926899　傳真：(02) 23926658
劃撥帳號：0189456-1

著作權顧問：蕭雄淋律師
法律顧問：董安丹律師

2013年11月 初版一刷
行政院新聞局局版台業字第1295號
售價：新台幣260元

ISBN 978-986-03-8316-4（平裝）
GPN 1010202355
YL/b 遠流博識網http://www.ylib.com E-mail: ylib@ylib.com